KB218265

토저의 사도신경 읽기

The Apostles' Creed

Originally published in English under title:
The Apostles' Creed

토저의 사도신경 읽기

지은이 | A. W. 토저
옮긴이 | 이석열
초판 발행 | 2023. 7. 19
등록번호 | 제1988-000080호
등록된 곳 | 서울특별시 용산구 서빙고로65길 38
발행처 | 사단법인 두란노서원
영업부 | 02) 2078-3333 FAX | 080-749-3705
출판부 | 02) 2078-3332

책값은 뒤표지에 있습니다.
ISBN 978-89-531-4527-6 03230

독자의 의견을 기다립니다.
tpress@duranno.com www.duranno.com

두란노서원은 바울 사도가 3차 전도 여행 때 에베소에서 성령 받은 제자들을 따로 세워 하나님의 말씀으로 양육하던 장소입니다. 사도행전 19장 8-20절의 정신에 따라 첫째 목회자를 돕는 사역과 평신도를 훈련시키는 사역, 둘째 세계선교TIM와 문서선교단행본·잡지 사역, 셋째 예수문화 및 경배와 찬양 사역, 그리고 가정·상담 사역 등을 감당하고 있습니다. 1980년 12월 22일에 창립된 두란노서원은 주님 오실 때까지 이 사역들을 계속할 것입니다.

The Apostles' Creed

토저의
사도신경 읽기

A. W. 토저 지음

이석열 옮김

두란노

I believe in God the Father Almight

Maker of heaven and eart

and in Jesus Christ

His Only Son our Lord, who was conceive

by the Holy Spirit, born of the Virgin Mar

suffered under Pontius Pilat

was crucified, dead, and burie

He descended into hel

The third day He rose again from the de

He ascended into heaven

and sitteth on the right hand of Go

the Father Almighty from thence He shall com

to judge the quick and the dead I believe

the Holy Spirit. The Holy Universal Church. T

Communion of Saints. The forgiveness of sin

The resurrection of the bod

And the life everlasting

Amen.

초기 기독교인들은 박해의 시련 속에서
이곳저곳으로 쫓겨 다녔기 때문에
신앙에 대한 꼼꼼한 가르침을 받기가 힘들었다.
그래서 자신들의 영원한 영적 안녕을 보장받기 위해
믿어야 할 모든 사항을 요약해 놓은 원칙이 필요했다.
이런 절실한 상황에서 신조들이 탄생했다.
여러 신조 중에서 사도신경은
가장 널리 알려지고 가장 사랑받는 신조이다.
수 세기에 걸쳐 신자들은
사도신경을
경건하게 가장 많이
암송해 왔다.

- A. W. 토저

Contents

PART 1

우리가 믿는 기독교의 핵심 진리

PART 2

사도신경을 삶으로 실천하기

사도신경

구번역

전능하사 천지를 만드신
하나님 아버지를 내가 믿사오며,
그 외아들 우리 주
예수 그리스도를 믿사오니,

이는 성령으로 잉태하사
동정녀 마리아에게 나시고,
본디오 빌라도에게 고난을 받으사,
십자가에 못 박혀 죽으시고,
장사한 지 사흘 만에 죽은 자 가운데서
다시 살아나시며, 하늘에 오르사,
전능하신 하나님 우편에 앉아 계시다가,
저리로서 산 자와 죽은 자를 심판하러 오시리라.

성령을 믿사오며, 거룩한 공회와
성도가 서로 교통하는 것과
죄를 사하여 주시는 것과 몸이 다시 사는 것과
영원히 사는 것을 믿사옵나이다. 아멘.

The Apostles' Creed

새번역

나는 전능하신 아버지 하나님,
천지의 창조주를 믿습니다.
나는 그의 유일하신 아들,
우리 주 예수 그리스도를 믿습니다.

그는 성령으로 잉태되어
동정녀 마리아에게서 나시고,
본디오 빌라도에게 고난을 받아
십자가에 못 박혀 죽으시고,
장사된 지 사흘만에 죽은 자 가운데서
다시 살아나셨으며, 하늘에 오르시어
전능하신 아버지 하나님 우편에 앉아 계시다가,
거기로부터 살아 있는 자와 죽은 자를
심판하러 오십니다.

나는 성령을 믿으며, 거룩한 공교회와
성도의 교제와 죄를 용서받는 것과
몸의 부활과 영생을 믿습니다. 아멘.

초대 교회
박해의 불길 속에
만들어진 진리,
그 속으로

※ 신조(信條)는 믿음, 특히 굳게 믿어 지키고 있는 것으로 종교적 믿음이나 신앙을 기술한 것이다. 기독교의 신조는 교회가 믿고 고백하는 핵심 진리들을 담고 있다.

A. W. 토저(Tozer)는 기독교의 전통적 신조에 애정이 깊었고 그에 대한 글들을 즐겨 써왔다. 그는 사도신경을 가리켜 가장 널리 알려지고 가장 사랑받으며 수 세기에 걸쳐 성도들이 경건하게 가장 많이 암송해 온 신조라고 말했다. 수많은 성도들에게 사도신경은 기독교 진리의 핵심을 담보해 주고 있다. 토저는 신앙 선언문 같은 것에 갈수록 의혹의 눈길을 보내는 시대에 설교하고 가르쳤다.

신조를 거부하는 시대를 향한 진단

그러나 스코틀랜드의 목회자인 알렉산더 캠벨(Alexander Campbell, 1788-1866)은 "오직 성경 외에는 신조가 없다"는 구호를 외치며 끊임없이 성경으로 돌아가려는 환원 운동(Restoration Movement)을 일으켰다. 성경 외에는 그 어떤 인위적인 신앙규범도 만들지 않겠다는 캠벨의 주장은 복음주의 교회의 특정한 한 분파를 대표하는 슬로건이 되었다. 또한 영국의 저명한 시인인 존 옥센함(John Oxenham)은 이러한 시대적 정서를 〈신조〉(Credo)라는 시에서 다음과 같이 언급했다. "무엇이 아니라 '누구'를! …… 그리스도는 모든 신조들을 능가하시는 분이기 때문이다."

토저는 신앙 선언문들에 대한 이런 거부감 그 자체를 하나의 믿음 체계로 볼 수 있다고 재빨리 지적하면서, 그것을 '무신조를 추구하는 신조'라고 일컬었다. 그는 이것이 '거대한 왕겨 더미'에 묻힌 몇 안되는 알곡처럼 작은 진리만 담고 있을 뿐인 위험한 추세라고 보았다. 프린스턴신학교 교수였던 사무엘 밀러(Samuel Miller, 1769-1850) 또한 다음과 같이 말했다. "한 무리의 사람들이 정통성과 관련해 어긋나기 시작할 때마다 대체로 신조와 신앙고백을 거스르는 주장을 함으로써, 자신들의 타락을 은폐할 수 없다면 차라리 무마시키려고 시도한다."

이에 대한 해독제로서 토저는 성도들의 삶에서 기본 교리가 가장 우선적으로 중요하다고 가르쳤다. 사도 바울은 말했다. "너희가 만일 내가 전한 그 말을 굳게 지키고 헛되이 믿지 아니하였으면 그로 말미암아 구원을 받으리라 내가 받은 것을 먼저 너희에게 전하였노니 이는 성경대로 그리스도께서 우리 죄를 위하여 죽으시고"(고전 15:2-3). 이 교리를 온전히 보전하는 일은 바울이 젊은 디모데에게 했던 권고에서 볼 수 있듯이 교회와 목회자들에게 맡겨졌다. "네가 네 자신과 가르침을 살펴 이 일을 계속하라 이것을 행함으로 네 자신과 네게 듣는 자를 구원하리라"(딤전 4:16). 그리고 토저는 "성도들이 사도적 교제를 통해 공유하는 진리는 사도신경에서 신앙고백의 편의를 위해 요약된 것과 동일한 진리"라고 믿었다.

이 책은 신조나 신조에 나타난 사상에 대해 토저가 썼던 가장 빼어난 글들을 그의 설교, 잡지 기사, 그리고 책에서 뽑아 수록했다. 토저는 복음주의자들이 신조를 통해 교리적 합의를 이루며 정통 신앙에 진정으로 필요한 것이 무엇인지 보다 잘 이해하게 되리라 믿었다. 달리 표현하면 불필요한 세부 사항에 매달리지 않을 수 있다는 말이다. 그는 잘 갖춰진 신학 체계에 매우 감사했음에도, 종말에 일어날 사건들의 정확한 시기 등을 놓고 옥신각신하는 오늘날의 논쟁들에는 분노를 드러냈다. 궁극적으로 토저는 전통적인 신조문의 모든 항목, 심지어 "예수님은 음부로 내려가셨다"라는 문구까지도 옹호했다. 비록 많은 복음주의자들이 나중에 이 구절을 빼버렸지만 그는 이 부분을 수용했다.

토저를 처음 접하는 이들은 그가 이전 시대의 기독교인들을 자주 인용한다는 사실을 주목할 것이다. 그는 루터, 웨슬리, 피니 같은 친숙한 이름들 뿐만 아니라 클루니의 버나드(Bernard of Cluny), 리처드 롤(Richard Rolle), 게르하르트 테르스티겐(Gerhard Tersteegen) 등의 글도 언급했다.

토저의 문학적 유산에 더 친숙한 사람들은 아마 분명한 역설 한 가지를 발견할 수 있을 것이다. 그가 신조들에 대해 꽤 빈번히 말했음에도 불구하고 그 신조들은 토저가 속한 교단의 예배 전통에서 나온 것이 아니었다. 그가 목회했던 시카고 교회는 한동안 사도신경을 암송하다가 중단했다.

토저는 이 책의 서문에서 "기독교인들의 모임에서 과거의 신조들을 사용하자고 호소하려는 것이 아니"라고 밝힌다. "우리 영혼에 아무런 유익 없이도 얼마든지 사도신경을 매주 암송할 수 있다. 기계적으로 외우고 확신 없이 반복하다 보면 그것은 완전히 진부하며 무익해질 수 있다."

이러한 말들은 포기 선언이나 노골적인 경고처럼 들린다. 단지 지적 지식을 늘리기 위해 신조를 배워서는 안 된다. 반드시 삶으로 그것을 실천해야 한다. 이 발췌집 마지막 세 편의 글에서 토저는 정통(올바른 교리)에서 정행(올바른 실천)과 정열(올바른 열정)로 초점을 옮겨간다. 그가 말하곤 했듯이 "하나님의 교리는 작업복을 걸치고 망치와 검을 들고 밖으로 나가서 바빠져야 한다. 그것이 바로 교회를 향한 하나님의 목적이다."

- 책을 엮으며
케빈 멍건스

프롤로그

왜
사도신경은
여전히 중요한가

신조를 깎아내리고 체험을 기독교의 유일하고 참된 증표인 양 치켜 세우는 것이 일부 기독교인들 사이에서 유행처럼 돼버렸다. 또 다른 경우에는 존 옥센함의 시구였던 "신조가 아니라 그리스도"란 표현을 진리 자체인 양 받아들였고, 거기에 선지자들과 사도들의 저작물과 어깨를 견줄 만큼의 지위를 부여하기도 한다.

무신조의 위험

처음에는 그 말이 내게도 아주 그럴듯하게 들렸다. 무신조를 주창하는 이들은 나머지 우리들이 놓친 귀중한 비밀을 발견한 듯 보였다. 즉 그들은 말만 무성한 전통적 기독교의 허를 찌르며, 교리에 구애받지 않고 그리스도에게 직접 다가갈 수 있도록 했다. 그리고 그것은 그저 말이나 신조 부스러기가 아닌 오직 주님께만 집중함으로써 그분을 더할 나위 없이 높여 드리는 것처럼 보였다. 하지만 이것이 사실일까? 내 생각은 다르다.

이 무신조의 신조에는 그 주창자들이 믿는 것만큼 많지는 않지만 정말로 몇 가지 참된 진실이 있다. 그리고 그 몇 알의 진실은 거대한 왕겨 더미 아래 묻혀 있다. 무신조 주의자들은 전혀 상상할 수 없는 것이다.

이제 나는 무신조주의자들에게 측은함을 많이 느낀다. 왜냐하면 그들이 살아 있는 그리스도를 죽은 신조로 대체하는 것에 항의하고 있음을 알기 때문이다. 이에 관한 한 나는 그들과 온 마음으로 함께하겠다. 그렇지만 그토록 대립각을 세울 필요는 없다. 우리의 믿음이 죽을 이유가 없듯이, 우리의 신조들도 죽을 이유가 없다. 야고보는 죽은 믿음과 같은 것이 있다고 말하지만, 우리는 그것 때문에 모든 믿음을 부인하지는 않는다.

사실 기독교인의 모든 생각과 말과 행동에는 신조가 내포되어 있다. 적어도 그리스도에 대해 아무것도 알지 못한 채 그분께 나아오기란 전혀 불가능하다. 우리가 그분을 안다는 것은 그분을 믿는다는 것이다. 그리고 우리가 그분을 믿는 것이 바로 기독교의 신조이다. 달리 말하면 우리의 신조는 믿는 것이기 때문에, 그리스도를 믿으면서 어떤 신조도 갖지 않기란 불가능하다.

대체로 그리고 바람직하게도 우리는 그리스도를 전파하는 것을 그 누구라도 참여할 수 있는 가장 순수하고 고귀한 사역으로 여긴다. 하지만 그리스도를 전파함은 그저 그리스도에 대해 최고의 찬사를 늘어놓는 것 훨씬 이상의 의미를 내포한다. 전하는 사람이 그리스도에게 느끼는 깊은 신앙적 사랑을 마음껏 발산하는 것 이상의 의미를 지닌다. 그리스도를 향한 열렬한 사랑은 어떠한 설교에도 향기와 따뜻함을 줄 것이다. 그러나 아직도 충분하지 않다. 사랑에는 지식이 뒷받침 되어야 하고 그 사랑이 변함없는 의미를 지니는지 아닌지에 대해 잘 알아야 한다. 효과적인 설교에는 지적인 내용이 있어야 하며, 지성이 있는 곳이면 어디든 신조가 있다. 그렇지 않을 수는 없다.

우리의 신조가 죽을 이유는 없다

우리의 기독교 모임에서 전통적인 신조들을 사용하자고 호소하기 위해 하는 말이 아니다. 우리 영혼에 아무런 유익 없이도 얼마든지 사도신경을 평생 동안 매주 암송할 수 있다. 아무도 유익을 얻지 못한 채 니케아 신조를 예배 때마다 읊조리고 노래할 수 있다. 표준적인 신조는 기독교인들이 믿는다고 고백하는 내용을 요약해 주며, 그런 점에서 훌륭하다. 그럼에도 그 고백들은 기계적으로 외워지고 확신 없이 반복될 수 있으며 따라서 완전히 진부하고 무익해질 수 있다.

우리는 어떠한 공식적 신조 없이도 예배드릴 수 있다. 수천 명의 기독교인들이 그렇게 하고 있다. 하지만 예배 받을 존재에 대한 얼마간의 지식 없이는 만족할 만한 예배를 드릴 수 없다. 그리고 공식적이든 아니든 그 지식이 바로 우리의 신조이다. 교리적 지식이 전혀 없이도 하나님에 대한 신비롭거나 초자연적인 경험을 충분히 할 수 있다고 말하는 것은 전혀 옳지 않다. 우리는 영으로뿐만 아니라 진리로 예배드려야 하며, 진리는 진술될 수 있고 그것이 진술될 때 신조가 된다.

기독교가 무엇인지도 모른 채 기독교를 실천하려는 노력은 언제나 실패해야 한다. 진정한 기독교인은 신학자가 될 필요가 있고 참으로 그래야 한다. 적어도 성경에 드러난 진리의 부요함에 대해 어느 정도는 알고 있어야 한다. 그리고 그것을 드러내 말하고 그 말한 바를 옹호할 수 있을 만큼 매우 명확하게 알고 있어야 한다. 그렇게 진술되고 옹호될 수 있는 것이 신조이다.

기독교인의 삶의 중심은 당연히 한 위격으로서의 주 예수 그리스도에 대한 믿음이다. 그래서 일부에서는 그 진리를 지나치게 강조하고 그리스도의 인성에 대한 믿음만이 중요하다고 가르치는 잘못을 범했다. 예수님이 누구인지, 그분의 아버지가 누구인지, 예수님이 하나님인지 사람인지 아니면 둘 다인지, 그분은 당대의 미신과 오류들을 옳다고 여겼는지, 수난받으신 후에 정말로 다시 살아나셨는지 아니면 그분의 헌신적인 추종자들만 그렇게 믿었는지 이런 것들은 중요하지 않다고 무신조 주창자들은 말한다. 그래서 중요한 것은 우리가 그분을 믿고 그분의 가르침을 따르려고 노력하는 것이라고 말한다.

여기서 간과되는 것은 그리스도가 그분이 누구신가에 대한 문제를 놓고 바리새인들과 충돌했다는 점이다. 자신이 곧 하나님이라는 예수님의 주장은 바리새인들을 격분하게 만들었다. 예수님은 자신이 하나님과 동등하다는 주장을 철회함으로써 그들의 분노를 잠재울 수도 있었지만 그러기를 거부했다. 그리고 그분에 대한 믿음은 그분이 바로 하나님이라는 믿음을 포함하며, 이것 없이는 누구도 구원에 이르지 못한다고 가르쳤다. "예수께서 이르시되 너희는 아래에서 났고 나는 위에서 났으며 너희는 이 세상에 속하였고 나는 이 세상에 속하지 아니하였느니라 그러므로 내가 너희에게 말하기를 너희가 너희 죄 가운데서 죽으리라 하였노라 너희가 만일 내가 그인 줄 믿지 아니하면 너희 죄 가운데서 죽으리라"(요 8:23-24).

구원을 위해 그리스도를 믿는 것은 그리스도에 대한 올바른 사실들을 믿는다는 뜻이다. 다른 방법은 없다.

The Apostles' Creed

The Apostles' Creed

PART 1

우리가 믿는 기독교의 핵심 진리

1

내가 ‘하나님 아버지’를 믿사오니

먼저 하나님을 알아야 그분을 믿을 수 있다

하나님의 성품보다 더 중심되는 주제는 없을 것이다. 만약 여러분이 과거라는 길고 어둑한 복도를 지나 어떤 결과를 원인까지 그리고 그 원인의 또 다른 원인까지 계속 찾아간다면, 모든 만물이 파생되어 나온 최초의 원자에 이를 것이고 결국 그것을 만든 존재인 하나님을 발견할 것이다.

모든 만물 즉 모든 생명, 모든 법, 모든 공간, 그리고 모든 시간의 배후에는 하나님이 계신다. 하나님은 인간의 삶에 유일한 의미를 부여하신다. 그러므로 그분을 떠나서는 다른 어떤 의미도 없다. 만약 인간의 마음에서 하나님이란 개념을 없애 버린다면 살아갈 어떤 이유도 없어진다. 영국의 시인 테니슨(Tennyson, 1809-1892)이 말했듯이 우리는 "뇌 속에다 맹목적인 삶을 살찌우는 양이나 염소들"에 불과할 것이다. 뿐만 아니라 생각 속에 하나님을 품지 않는다면 양으로 죽는 편이 나을 것이다.

하나님은 모든 법과 도덕과 선의 근원이며, 부인하기에 앞서 먼저 믿어야 할 분이며, 말씀이자 우리를 말할 수 있게 해주는 분이시다. 당신이 이 하나님의 속성들을 다른 이에게 전하려다 보면 확신하건데 그것이 세상 어떤 일보다 더 힘들다는 것을 금세 알아차릴 것이다.

유명한 설교자 샘 존스(Sam P. Jones, 1847-1906)가 있다. 그 시절 이전의 빌리 선데이(야구 선수 출신의 1880년대 가장 영향력 있는 복음 전도자)라 할 만큼 대부흥사였다. 그는 평범한 설교자들이 성경 본문을 해석하는 것을 보면 목화 한 꾸러미를 끌고 가려는 벌레가 머릿속에 떠오른다고 했다. 나 역시 본문을 선택하고 하나님에 대해 전하려 하면 그런 벌레가 된 듯한 기분이 든다. 오직 하나님만이 지혜를 주실 수 있을 것이다.

존 밀턴(John Milton)은 인간의 타락과 주 예수 그리스도를 통한 회복에 관한 책 《실락원》(*Paradise Lost*)을 쓰기 시작했다. 그러나 집필에 뛰어들기 전 나처럼 성령님께 기도드렸다.

"모든 성전(temples)보다
순전한 마음을 더 중히 여기시는
주님의 성령이시여,
저를 가르쳐 주옵소서."

지나칠 만큼의 겸손함이 없이는, 순전하고 온전히 내어 맡기는 마음 없이는 그 누구도 하나님에 대해 합당하게 설교하거나 그것을 들을 수 없다. 하나님께서 어루만지고 빛을 비추어 주시지 않는 사람은 누구도 이러한 것들을 들을 수 없다. 그래서 밀턴은 이렇게 고백했다.

"가르쳐 주옵소서. 당신은 아십니다.
…… 제 안에 있는 것은 칠흑 같은 어둠이니
비추어 주옵소서.
낮은 것을 높이 들어 붙들어 주옵소서
이 위대한 논증의 정점까지 이르도록.
제가 우둔한 인간들에게
하나님의 영원한 섭리를 밝히 설명하고,
하나님의 길이 옳음을 증거하기 바라나이다."

누가 하나님의 속성에 관해 말할 수 있겠는가? 스스로 존재하심, 전지 전능하심, 초월하심을 누가 마땅히 설명할 수 있겠는가? 능히 그런 일들을 해낼 사람이 누가 있겠는가? 나로서는 할 수 없다. 그래서 오직 이 한 가지 희망을 붙들고 이렇게 기도한다. "하잘것없는 나귀가 선지자의 어리석음을 꾸짖은 것처럼, 수탉이 어느 날 밤 사도를 깨워 참회하게 만든 것처럼, 저 또한 하나님께 그렇게 쓰임 받게 하소서. 예수님이 작은 당나귀 등에 올라타 예루살렘에 입성하셨던 것처럼 저 같은 부적격한 수단을 사용하셔서 당신의 백성에게 나아가시옵소서."

하나님을 아는 지식을 잃어버리면

우리는 사도 요한이 성경에서 말하는 하나님, 신학이 말해 주는 하나님, 우리가 전파하고 가르칠 사명이 있는 그 하나님을 반드시, 철저히, 심도 있게 알아야 한다. 알다시피 하나님을 바르게 알지 못했을 때 인간이 타락했기 때문이다.

사람들이 하나님을 믿을 때만큼은 모든 것이 더할 나위 없이 좋았다. 인간은 건강하고, 거룩하거나 적어도 순수하며, 선했다. 그러나 마귀가 여자의 마음에 의혹을 심었다. "뱀이 여자에게 물어 이르되 하나님이 참으로 너희에게 동산 모든 나무의 열매를 먹지 말라 하시더냐 ……"(창 3:1). 이것은 하나님의 면전을 피해 살금살금 돌아다니며 그분의 선하심에 의심을 던지는 것과 매한가지였다. 이후 인간은 점점 더 타락의 수렁으로 빠져들었다.

하나님을 아는 지식을 잃어버리자 우리는 지금과 같은 곤경에 빠지게 되었다.

"하나님을 알되 하나님을 영화롭게도 아니하며 감사하지도 아니하고 오히려 그 생각이 허망하여지며 미련한 마음이 어두워졌나니 스스로 지혜 있다 하나 어리석게 되어 썩어지지 아니하는 하나님의 영광을 썩어질 사람과 새와 짐승과 기어다니는 동물 모양의 우상으로 바꾸었느니라 그러므로 하나님께서 그들을 마음의 정욕대로 더러움에 내버려 두사 그들의 몸을 서로 욕되게 하게 하셨으니 이는 그들이 하나님의 진리를 거짓 것으로 바꾸어 피조물을 조물주보다 더 경배하고 섬김이라 주는 곧 영원히 찬송할 이시로다 아멘 이 때문에 하나님께서 그들을 부끄러운 욕심에 내버려 두셨으니 곧 그들의 여자들도 순리대로 쓸 것을 바꾸어 역리로 쓰며 그와 같이 남자들도 순리대로 여자 쓰기를 버리고 서로 향하여 음욕이 불 일듯 하매 남자가 남자와 더불어 부끄러운 일을 행하여 그들의 그릇됨에 상당한 보응을 그들 자신이 받았느니라 또한 그들이 마음에 하나님 두기를 싫어하매

> 하나님께서 그들을 그 상실한 마음대로 내버려 두사 합당하지 못한 일을 하게 하셨으니"(롬 1:21-28).

로마서의 첫 장은 불의함, 음행, 사악함, 탐욕, 악의에 대한 무시무시한 기소 및 인간이 저질러 온 모든 범죄와 해악들의 블랙리스트로 마무리된다.

이 모두는 인간이 하나님에 대한 확신을 잃음으로써 비롯되었다. 그들은 하나님의 성품을 알지 못했다. 하나님이 어떠한 신이신지 완전히 혼동했다. 이제 돌아갈 유일한 방법은 하나님에 대한 확신을 되찾는 것이다. 그리고 하나님에 대한 확신을 되찾는 유일한 방법은 하나님에 대한 지식을 회복하는 것이다.

이는 성경 본문에서도 알 수 있다. "여호와여 주의 이름을 아는 자는 주를 의지하오리니 이는 주를 찾는 자들을 버리지 아니하심이니이다"(시 9:10). 여기서 이름이란 단어는 성품과 더불어 평판을 의미한다. 주님이 어떤 하나님이신지 아는 자들은 주님을 신뢰할 것이다. 우리는 왜 믿음이 없을까 의아해한다. 그 답은 믿음은 하나님의 성품에 대한 확신이며, 우리가 하나님이 어떤 분이신지 모른다면 믿음을 가질 수 없기 때문이다.

우리는 조지 뮐러(George Müller)와 영성이 뛰어났던 다른 이들에 관한 책을 읽으며 믿음을 가지려고 노력한다. 그러나 믿음이 하나님의 성품에 대한 확신이라는 사실을 잊어버린다. 믿음이 없는 이유는 하나님이 어떤 신이신지 모르기 때문이다. 이것을 망각한 채 우리는 고군분투하고 기다리며 헛된 희망에 매달린다. 그러나 믿음은 오지 않는다. 하나님의 성품을 모르기 때문이다. 우리가 주님을 올바르게 안다면 믿음은 저절로 따라온다.

나는 하나님의 성품에 대해 언급하려 한다. 여러분이 마음으로 귀를 기울인다면 믿음이 솟을 것이다. 무지와 불신은 믿음을 끌어내리지만 하나님에 대한 지식이 회복되면 그 지식이 믿음을 불러일으킬 것이다. 나는 세계의 역사를 통틀어 지금보다 더 하나님에 대한 지식이 절실히 필요한 때는 없었다고 믿는다. 성경을 믿는 기독교인들은 지난 40여 년 동안 눈부신 진전을 이루었다.

우리는 지금 그 어느 때보다 더 많은 성경을 보유하고 있으며 성경은 베스트셀러가 되었다. 세계 역사상 그 어느 때보다 더 많은 성경학교가 열리고 있으며 무수한 복음 관련 책자들이 쉴 새 없이 쏟아져 나오고 있다. 이루어야 할 사역들이 너무 많아 압박감을 느낄 정도다. 복음주의도 요

사이 매우 높은 상승세를 타고 있다. 그리고 믿기지 않을 수도 있겠지만, 이전보다 더 많은 사람들이 교회를 찾아오고 있다.

모든 상황이 의심할 여지 없이 고무적이다. 하지만 알다시피 사람은 연말에 손실과 이득을 계산해 본 뒤 사업이 얼마나 굳건한지 알 수 있다. 이득이 없진 않으나 손실이 너무 크다면 다음 해에 폐업의 수순을 밟는다. 많은 복음주의 교회들은 지난 몇 년 동안 얼마간의 이득을 얻었다. 하지만 또한 우리의 고결한 신관에 한 가지 중대한 손실을 입었다.

과거 기독교는 독수리처럼 솟구쳐 전 세계 온갖 종교의 모든 산봉우리 위로 높이 날아올랐다. 하나님에 대한 고결한 개념 덕분이었는데, 그것은 거룩한 계시를 통해 그리고 인간의 몸을 입고 우리 가운데 거하셨던 독생자 예수님의 강림으로 우리에게 주어진 것이었다. 기독교는 수 세기 동안 하나님의 성품을 기반으로 교회를 세워 왔다. 하나님을 설교하고 하나님께 기도하고 하나님을 선포하고 하나님께 영광을 돌리고 하나님을 높이고 삼위일체 하나님을 증거했다.

하지만 최근에 손실을 겪었다. 고통을 겪었다. 하나님에 대한 고결한 개념을 잃어버렸기 때문이다. 현재 복음주의 교회들이 대체로 지닌 하나님에 대한 개념은 합당하지 않을뿐더러 수치스러울 정도로 저급하다. 어떤 이들은 하나님을 '동업자' 또는 '윗층 이웃'이라 부를 정도로 경솔하고, 심각한 오류에 빠져 있으며, 영적으로 무지하다. 한 기독교 대학에서는 《그리스도는 나의 쿼터백》(*Christ is my Quarterback*)이라는 소책자를 펴냈는데, 미식축구에서 팀의 승리를 위해 항상 작전을 성공적으로 지휘하는 쿼터백에다 그리스도를 빗댔다. 그리고 한 사업가는 "하나님은 좋은 동료에요. 그분을 좋아하죠"라고 말하기도 했다.

세상의 무슬림 중 하나님을 '좋은 동료'라 부를 정도로 몰지각할 이는 없다. 또한 유대인 가운데 감히 이름을 부를 수조차 없는 위대한 여호와를 그런 식으로 언급할 이도 결코 없을 것이다. 그들은 하나님에 대해 정중하고 경건하게 이야기한다. 그러나 복음주의 교회에서 하나님은 '쿼터백'이자 '좋은 동료'이다.

때로 나는 기독교적이라 여겨지는 많은 것들을 떠나고 싶다. 어떤 이들은 기도를 "하나님과 함께 작전회의에 들어가는 것"이라고 말한다. 마치 하나님이 코치나 쿼터백이라도 되는 양 말이다. 그들은 모두 모여 하나님의 신호를 받고 다시 흩어진다. 얼마나 터무니없이 가증스러운 생각인가!

로마인들이 예루살렘의 제단에서 암소를 제물로 바쳤을 때도 이보다 더 끔찍한 일은 저지르지 않았다. 이것은 원하는 것을 얻기 위해 거룩하고 거룩하고 거룩하신 하나님을 끌어내려서 우리가 원하는 것을 얻는 값싼 산타클로스로 바꾸는 짓이다.

하나님의 영화로움을 되찾아야 할 때

기독교는 품위를 잃었다. 우리가 존귀하고 거룩하신 하나님을 알지 못하는 한 결코 그것을 되찾을 수 없을 것이다. 그분은 바람 날개를 타고 올라 구름을 자신의 전차로 삼는 분이다. 우리는 위엄이 무엇인지, 참된 예배를 어떻게 드려야 하는지에 대한 개념을 상실하고 말았다. 나는 최근까지 기독학생 단체인 IVF의 대표로 있었던 친한 친구 스테이시 우즈(Stacy Woods)에게 편지 한 통을 받았다. 그는 편지의 마지막에 이렇게 말했다. "교회가 예배로부터 멀어지고 있어. 그 이유는 하나님으로부터 멀어지고 있기 때문은 아닐까 하는 의문이 들어." 그의 말이 옳으며 그것이 정답이라고 생각한다.

그리고 우리 기독교는 자기성찰을 잃어버렸다. 사실 기독교는 내적인 종교이다. 예수님은 신령과 진정으로 예배해야 한다고 말씀하셨다. 그러나 우리는 그 예배를 잃어버렸다. 그것을 가능하게 하는 하나님(神) 개념을 잃어버렸기 때문이다. 비록 스코필드 관주 성경을 고수하고 신앙의 근본적인 주요 7교리를 믿고 있음에도 우리는 경외심, 경이로움, 두려움과 지극히 큰 기쁨을 잃고 말았다. 왜일까? 하나님을 잃어버렸기 때문이다. 아니라면 적어도 하나님에 대한 높고 고귀한 개념을 잃어버렸기 때문이다.

그래서 우리가 얻은 이득은 모두 외적인 것일 뿐이다. 성경책과 성경학교, 책과 잡지들, 라디오 메시지, 선교와 전도, 교회 창립과 교인 수 등이 그렇다. 그리고 우리가 겪은 손실은 모두 내적인 것이다. 예배와 위엄, 내면, 하나님의 임재, 두려움과 영적 기쁨 등을 잃어버렸다.

내적인 것을 모두 잃고 외적인 것만 얻었다면 전혀 아무것도 얻지 못한 것은 아닌지 의구심이 생긴다. 우리가 지금 잘못된 상태에 있는 것은 아닌지 염려가 된다. 나는 그렇다고 믿는다. 우리의 복음주의 교회, 우리의 기독교는 빈약하고 무기력하다. 사려 깊은 내용이 없고, 어조가 경박하며, 생각이 세속적이다.

교회를 회복시킬 개혁이 절실히 필요하다고 믿는다. 내가 부흥이라는 단어를 사용하지 않는 이유는 우리에게 부흥 이상의 것이 필요하기 때문이다. 20세기 초 웨일스 대부흥이 작은 지방 웨일스를 덮쳤을 때, 일할 준비가 된 사람들이 있었다. 그 사람들은 하나님을 믿었을 뿐 아니라 하나님에 대한 고귀한 개념을 지니고 있었다. 그러나 지금 교회는 그 고귀한 개념을 잃어버렸고 더 이상 하나님이 어떤 분이신지 알지 못한다. 우리의 종교는 빈약하고 무기력하며, 경박하고 세속적이며 값싸졌다.

잘 이해가 안된다면 오늘날 교회의 설교와 구약시대 선지자들 혹은 심지어 19세기 미국의 2차 부흥운동을 이끌었던 찰스 피니(Charles Finney) 같은 사람들의 설교를 비교해 보라. 이 하나님의 사람들은 얼마나 진지했던가! 그들은 말씀을 전하기 위해 하늘에서 땅으로 내려온 사람들 같았다. 모세가 사람들에게 말하기 위해 빛나는 얼굴로 산에서 내려왔던 것처럼 그 선지자들과 설교자들도 여러 해 동안 나가서 말씀을 전했다. 그들의 마음은 진지하고 엄숙했으며, 어조는 격조 있었고, 사상과 신학을 충분히 갖추었다.

그러나 오늘날의 설교는 대체로 값싸고 경박하고 얄팍하며 귀만 즐겁게 한다. 우리 복음주의 교회들은 즐겁게 해

주지 않으면 사람들이 떠날 것이라고 생각한다. 설교는 진지함을 잃고 알맹이가 없어져 버렸다. 엄숙함과 두려움을 잃어버렸다. 우리는 본질을 잃고 연예인이 되었다. 비극적이고 끔찍한 일이다.

기독교의 읽을거리들을 비교해 보면 전반적으로 우리가 대단히 비슷한 상황에 있음을 알게 될 것이다. 독일인, 스코틀랜드인, 아일랜드인, 웨일스인, 영국인, 미국인, 캐나다인 모두 공통된 개신교의 유산을 지니고 있다. 그런데 이들, 당신과 나의 개신교 선조들은 무엇을 읽었는가? 그들은 도드리지(Doddridge)의 *The Rise and Progress of Religion in the Soul*(영혼을 믿는 종교의 출현과 발전)을 읽었다. 테일러(Taylor)의 *Holy Living and Dying*(거룩한 삶과 죽음)을 읽었고, 존 번연의 《천로역정》(*Pilgrim's Progress*)과 《거룩한 전쟁》(*Holy War*), 밀턴의 《실낙원》(*Paradise Lost*)을 읽었다. 존 플라벨(John Flavel)의 설교문들을 읽으며 진지하게 하나님을 알아가려 했다.

나에게는 오래된 감리교 찬송가집 한 권이 있는데, 그곳에 수록된 49곡의 찬송가가 하나님의 속성에 대한 것임을 알게 되었다. 오랫동안 '찬송가를 너무 신학적인 내용으로 부르면 안 된다'는 말을 많이 들어 왔다. 요즈음은 사람들의 마음이 예전과 다르기 때문이라고들 한다. 그런데 이 진지하고 깊은 내용을 담은 감리교 찬송가들은 교육받지 못했던 사람들이 주로 불렀다는 사실을 알고 있는가? 그들은 농부들, 양치는 목동들, 소를 키우는 목장주들, 탄광의 광부들, 대장장이들, 목수들, 목화 따는 사람들 즉 이 나라 방방곡곡에 사는 평범한 사람들이었다. 그들이 그러한 찬양들을 불렀다. 그 찬송가집에는 1,100곡이 넘는 찬송가가 있는데 그중 싸구려 찬송가는 한 곡도 없다

나는 요즘 우리가 부르는 일부 끔찍한 쓰레기 같은 찬양들에 대해선 언급조차 피할 것이다. 교회의 이러한 비극적이고 무시무시한 영적 쇠퇴는 하나님이 어떤 분이신지를 망각한 결과로 나타났다. 우리는 지극히 높으신 하나님의 영화로움에 대한 비전을 상실했다. 나는 지난 몇 주 동안 에스겔서를 읽었다. 천천히 거듭 읽다가 그 무시무시하고 머리칼이 쭈뼛 서는 구절에 이르렀다. 쉐키나(Shekinah) 즉 하나님의 임재의 영광이 제단에서 그룹들의 날개 사이로 솟아올라 성전 문지방에 이르며, 소용돌이치는 날개소리가 성전을 가득 채운다(겔 10:4-5). 그리고 그 영광이 문에서 바깥 뜰(겔 10:18-19)로 이동하고 바깥 성전에서 산으로(겔 11:23), 그리고 산에서 떠나 올라간다.

그러한 하나님의 임재의 영광은 예수 그리스도가 성육신하셔서 우리 가운데 머무셨을 때를 제외하고는 결코 다시 돌아온 적이 없다. 오랜 세월 동안 이스라엘을 따라다녔으며 장막 위에서 빛나던 하나님의 쉐키나의 영광은 사라지고 말았다. 하나님은 더 이상 참을 수 없어서 자신의 위엄과 쉐키나의 영광을 성전에서 거두고 성전을 떠나셨다. 얼마나 많은 복음주의 교회들이 경박함, 얄팍함, 거침, 세속성으로 성령을 슬프게 했을지 궁금하다. 성령이 상처받은 침묵 속에서 물러날 때까지 말이다. 우리는 하나님을 다시 바라보고 다시 느껴야 한다. 하나님을 다시 알아야 하고 다시 그분의 말씀을 들어야 한다. 이것만이 우리를 구할 수 있다.

여러분이 신실하게 기도하고 이 말씀을 듣기 바란다. 그리고 내가 삼위일체 하나님이 어떤 분이신지 곧 성부, 성자, 성령에 대하여 마땅하고 합당하게 말할 수 있기를 바란다. 우리가 하나님에 대한 지식을 되찾을 수 있다면, 사람들에게 하나님을 되찾아 주는 개혁을 불러일으키는 데 조금이나마 도움이 될 것이다. 프레데릭 파버(Frederick Faber)의 이 구절들을 묵상하고 싶다.

"지극히 영화롭고 경이롭나이다, 오 거룩한 하나님!

주님의 영원한 천둥소리 가운데
주님의 번개가 얼마나 눈부신지요.
끝없이 펼쳐진 바다여!
감히 누가 주님께 소리를 발하리까?
거룩한 하나님, 주님의 영원이 당신을 에워싸나이다!"

하나님의 위엄 속에서 보내는 한 시간은 나를 포함한 모든 설교자들이 강대상에 서서 성경을 펼쳐 보였던 것보다 더욱 가치로울 것이다. 나는 하나님의 영광에 대한 환상을 보기 원한다. 잠깐 머무는 일시적인 것이 아니라 영원히 지속될 위엄과 경이로움의 빛을 원한다! 나는 날마다 하나님의 얼굴이 빛나는 곳에서 살고 싶다. 어떤 아이도 "엄마, 잠깐만 얼굴 좀 볼게요"라고 말하지 않는다. 아이는 하루 중 언제라도 고개를 들면 엄마의 얼굴이 보이는 곳에 있으려 한다.

"시간과 공간을 초월하며
홀로 또 숭고하게 삼위로 존재하는 하나님,
언제나 위대하며 일체를 이루시는 분이시나이다!
홀로 장엄하며 홀로 영광 받으시나이다

이 놀라운 삼위일체의 진리를
들려줄 자 누구겠나이까?

찬란한 영광 위의 영광이 눈부시나이다
서로 얽히고 영롱하게 변하나이다
영광 위에 영광이 흐르나이다
모두 투명하게 빛나나이다!
축복과 찬양과 경배
나라들이 떨림으로 거룩한 하나님을 맞아들입니다.
오 거룩한 하나님!"

지금은 평범한 사람들의 시대다. 우리는 모두 평범해졌을 뿐 아니라 하나님마저 우리의 평범한 수준으로 끌어내리고 말았다. 우리에게는 하나님에 대한 고귀한 개념이 절실히 필요하다. 어쩌면 우리는 충실한 설교와 기도 그리고 성령을 통해 "찬란한 영광 위의 영광이 눈부시"고 "서로 얽히며 영롱하게 변하"는 것을 볼 수 있을 것이다. "영광 위에 영광이 흐르"며 "모두 투명하게 빛나는 것"을 볼 수 있을 것이다. 하나님께 우리는 "축복과 찬양과 경배"를 드릴 수 있으며 "나라들이 떨림으로 거룩한 하나님을 맞아들일" 것이다.

2

내가 ‘예수 그리스도’를 믿사오니

말씀이 육신이 되시다

'말씀이 육신이 되었다.' 이 간단한 몇 단어로 이루어진 진술에는 인간이 생각할 수 있는 가장 깊은 신비 중 하나가 들어 있다.

사려 깊은 사람들은 재빨리 다음과 같이 물을 것이다. "신과 신이 아닌 존재물을 나누는 그 엄청난 간격을 하나님이 어떻게 건너갈 수 있나요?" 여러분도 인정하겠지만 참으로 우주에는 오직 두 존재 곧 신과 신이 아닌 존재가 있다.

아무도 신을 창조할 수는 없지만 창조주 하나님은 우주 속에 하나님이 아닌 모든 것들을 만드셨다.

그래서 창조주와 피조물을 구분하는 간극, 우리가 하나님이라고 부르는 존재와 다른 모든 존재들 사이의 간극은 크고 광대하며 엄청나다.

육신을 입으신 하나님의 신비

하나님이 어떻게 그 거대한 간극을 건널 수 있었는지는

실제로 인간이 생각으로 알 수 있는 가장 심오하고 깊은 신비 중 하나이다.

어떻게 하나님이 창조주와 피조물을 이어 줄 수 있었을까? 얼핏 생각하면 그리 놀랍지 않을 수도 있겠지만, 조금 더 생각해 보면 하나님과 하나님이 아닌 존재 사이의 엄청난 간극을 메운 사실에 깜짝 놀랄 것이다.

천사장들과 스랍 그리고 에스겔서에서 불타는 돌들(겔 28:11-19)을 수호하는 그룹들은 하나님이 아니라는 사실을 기억하자.

우리는 성경을 읽으며 인간만이 계급을 가진 존재가 아님을 알게 된다. 그러나 터무니없는 교만에 빠진 인간은 자신들만이 존재의 계급이 있다고 믿기로 작정한다.

일부 기독교인들은 물론 사람들은 대체로 어리석게도 천사들의 존재를 믿지 않으려 한다. 나는 천사들을 날개 달린 산타클로스 정도로 여기는 많은 사람들과 대화를 나눠 보았다!

많은 이들은 그룹과 스랍들, 거룩한 자들이나 다니엘서에 나오는 순찰자(단 4:23) 또는 성경 구절들에서 매우 신비롭게 빛 속에서 다니는 것으로 묘사되는 기이한 천사들 사이의 어떤 계급 체계도 믿지 않는다고 말한다. 어쨌든 사람들은 천사들을 지나치게 믿지 않는 편이다.

형제들이여, 우리가 믿지 않더라도 그들은 분명히 존재한다! 인류는 하나님이 지으신 창조물 가운데 오직 하나의 질서일 뿐이다. 그래서 우리는 의아하다. "어떻게 무한한 존재는 유한한 존재가 될 수 있었을까? 어떻게 무한한 존재가 의도적으로 스스로에게 한계를 부여했을까? 어째서 하나님은 계시 속에서 다른 창조물들보다 인간에게 더 호의를 베푸시려고 했을까?"

히브리서에서 우리는 놀랍게도 하나님은 천사들의 본성을 취하기보다는 아브라함의 씨가 되기로 자청했음을 알게 된다. 아브라함은 단연코 천사와 동등한 급이 아니다. 우리는 하나님이 스스로를 낮추신다면 가능한 한 아주 조금만 낮추시리라고 짐작할 것이다. 그분이 천사나 스랍 정도에서 멈추시리라 생각할 것이다. 하지만 하나님은 가장 미천한 계급까지 내려오셔서 아브라함의 본성을 입기로, 아브라함의 씨가 되기로 자청하셨다.

사도 바울조차 바로 이 대목에서 놀라고 경탄하며 자신의 헤아림이 미치지 못함을 인정한다. 지성인 중에 지성인이라 할 수 있는 바울은 자신의 이해 부족을 인정하고, 육신을 입은 하나님의 신비를 가리켜 "크도다 경건의 비밀이여”(딤전 3:16)라고 선언한다.

아마도 우리 모두 다 이 성육신의 신비 앞에서 바울과 같은 경탄을 할 것이다. “오 주님, 오직 당신만이 아십니다”라며 이해력의 한계를 고백할 것이다. 세상에는 우리의 신학적 지식을 넘어서는 훨씬 더 많은 일들이 있으며, 성육신은 그중 가장 헤아리기 힘든 신비이다.

사람들이 있는 성막을 굽어보시는 영원하고 신비로운 하나님의 행위에 대해 존 웨슬리가 한 말의 요지를 인용하고 싶다. 웨슬리는 행위와 그 행위를 수행하는 방법을 구분할 필요가 있다고 주장하며, 그것이 어떤 방법으로 이루어졌는지 알지 못한다고 해서 사실 자체를 부정하지 말아야 한다고 조언했다. 매우 현명하지 않은가!

나는 우리가 경건하게 하나님의 임재 속으로 들어가서 고개 숙여 찬양하며 우리에게 베푸신 그분의 사랑의 행위를 인정해야 합당하다고 생각한다. “오, 하나님이 그 일을 모두 어떻게 이루셨는지 우리가 이해하지 못하더라도 그것은 사실입니다!” 하고 말이다.

그렇다면 우리는 이 위대한 신비를 얼마만큼 알 수 있을까? 적어도 분명히 이것만은 확실히 알 수 있다. 하나님께서 성육신하실 때 신성에 대한 어떤 타협도 없었다는 점이다. 하나님이 인간의 몸을 입으셨을 때 하나님 편에서의 어떤 타협도 없었다.

과거에는 여러 민족의 신화에 등장하는 신들조차 타협하는 데 있어 예외가 아니었다. 로마와 그리스의 신들, 스칸디나비아의 전설 속 신들은 스스로 쉽게 타협할 수 있는 신들이었으며, 구전 설화들 속에서 자주 그렇게 했다.

그러나 거룩하신 하나님, 그분 외에는 어떤 하나님도 있을 수 없는 하늘에 계신 우리 아버지는 결코 스스로 타협하실 수 없었다. 말씀이 육신이 되신 성육신은 거룩한 신성의 어떤 타협도 없이 이루어졌다.

살아 계신 하나님은 신성을 타협함으로써 스스로 강등되지 않으셨다. 어떤 의미에서도 스스로 하나님보다 낮은 존재가 되지 않으셨다. 하나님은 영원히 하나님으로 남으셨고, 다른 모든 것들은 하나님이 아닌 것으로 남았다. 예수 그리스도께서 사람이 되시고 우리 가운데 거하셨을 때도 그

간극은 여전히 존재했다. 하나님은 인간이 되셨을 때 자신을 타락시키는 대신 성육신을 통해 인간을 자신에게로 끌어올리셨다.

아타나시우스 신조(the Athanasian Creed)에는 초대 교회 교부들이 성육신 교리에 대해 매우 조심스러웠음이 분명히 나타난다. 교부들은 하나님이 신성을 버리고 내려와 육체가 되시는 방법으로 성육신하셨다고 믿도록 허용하지 않았을 것이다. 오히려 인간을 하나님께로 데리고 올라가셨다고 믿도록 했을 것이다.

그러므로 하나님은 폄하되지 않고 인간이 격상되는, 바로 그것이 구원의 경이로움이다!

우리가 확실히 알 수 있는 또 한 가지는 하나님은 약속을 절대로 철회하지 않는다는 점이다. 인간과 하나님의 이 연합은 영원한 효력을 지닌다.

그런 의미에서 하나님은 결코 인간이기를 그만둘 수가 없다. 삼위일체의 두 번째 인격은 결코 스스로 육신을 입지 않으시거나 입으신 육신을 다시 벗어버릴 수 없으시다. 성육신은 영원히 사실로 남는다. "말씀이 육신이 되어 우리 가운데 거하시"기 때문이다(요 1:14).

인류 역사의 시초로 시선을 돌려 보자. 우리는 하나님

이 아담을 창조하신 후 창조주가 인간과 소통했음을 알고 있다.

나는 *Earth's Earliest Ages*(지구의 초창기)라는 제목의 책을 훑어보았다. 사실 그 책을 읽었다고 말하고 싶지도 않다. 왜냐하면 저자가 노아의 홍수 이전에 대해 자신이 모세보다 더 많이 알고 있다고 믿는 듯 보였기 때문이다. 모세가 전문가인 주제를 모세보다 더 잘 안다고 주장하는 사람이 쓴 책이라면 가까이하고 싶지 않다.

나는 매우 오래전의 세상에 대해 상상하고 생각에 잠기는 것을 좋아한다. 하나님이 선선한 때에 동산에 와서 거닐며 아담을 부르는 창세기 구절에 언제나 매료된다. "네가 어디 있느냐?" 그러나 아담은 두려워서 숨었다. 우리는 하나님과 아담의 이런 만남이 당시에는 흔한 일이었다고 추측함으로써 이 이야기에 더 깊은 의미를 부여할 수 있을 것이다. 성경은 새가 지저귀며 어둑해지는 해질녘에 하나님이 아담과 함께 산책하러 오신 것이 그때가 처음이었다고 말하지 않는다.

하나님이 사람과 함께 거닐었다. 그리고 창조주께서는 자신의 형상을 따라 인간을 지으셨기 때문에 인간과 교제함에 있어 어떠한 문제도 없었다.

그러나 이제 아담은 숨어 있다. 교만, 불순종, 의심, 그리고 시험에서의 패배 같은 죄로 인해 창조주와 피조물의 교통과 교제가 중단되었다. 거룩하신 하나님은 타락한 인간을 동산에서 내보내고 다시 돌아오지 못하도록 화염검을 세워 그들을 물리쳐야 했다. 아담은 창조주 하나님의 임재를 상실했다. 이후 시대의 성경 기록을 볼 때 하나님은 다시는 같은 방식으로 사람들과 함께 거주하지 않으셨다. 타락하여 죄투성이가 된 사람들의 눈은 하나님의 빛나는 위엄과 영광을 더 이상 견딜 수 없었다.

그러나 때가 차자 하나님은 다시 사람들에게 오셨다. "말씀이 육신이 되어 우리 가운데 거하시"기 위해서였다. 사람들은 그분의 이름을 "임마누엘"이라고 불렀는데, 이는 "하나님이 우리와 함께하신다"라는 뜻이다. 예수 그리스도가 세상에 처음 오셨을 때 하나님은 다시 사람들과 몸소 함께 거하셨다.

나는 사소한 단어 하나하나에 집착하는 설교자가 아니다. 하지만 이제 우리는 예수님의 오심, 즉 인간으로 나타나신 하나님이란 주제를 다루기 위해서는 세 가지 단어(영어상의 전치사)에 주목해야 한다.

하나님은 사람들과 함께 거하고 하나가 되기 위해 오셨

다. 궁극적으로는 사람들 가운데서 영원히 거하기 위해서 오셨다. 다시 말해 그분은 사람들과 함께(with), 사람들 가운데서(in), 거하기 위해서 사람들에게(to) 오셨다.

나는 다음과 같은 구절을 마주칠 때마다 번역자들이 느낄 좌절감을 떠올리며 빙그레 웃는다. "본래 하나님을 본 사람이 없으되 아버지 품 속에 있는 독생하신 하나님이 나타내셨느니라"(요 1:18).

번역자들에게 하나님의 말씀은 너무 엄청나다. 헬라어 성경에서는 이 구절을 "아들이 하나님을 분명히 나타내셨다"라고 표현했다. 킹 제임스 번역본에서는 그냥 "분명히 나타내셨다"로 나온다. 다른 번역본들에서는 그 부분을 비켜가거나 에두르거나 건너뛰기도 한다. 두세 단어를 사용하다가 다시 한 단어로 돌아오기도 한다. 성령이 말씀하신 대로 전하려고 온갖 노력을 다하지만 포기할 수밖에 없다. 우리의 언어인 영어로도 그 모든 것을 다 표현해내지 못할 것이다.

가진 단어들과 동의어를 다 사용해도 여전히 하나님이 말씀하실 때 계시하셨던 모든 것을 다 표현하지 못할 것이다. '아무도 하나님을 본 적이 없지만 예수 그리스도께서 오셨을 때 그분은 우리에게 하나님이 어떤 분이신지 보여 주셨다'(요 1:18의 의역).

나는 우리의 단순하고 일상적인 언어가 어떤 언어 못지 않다고 생각한다.

예수 그리스도는 하나님을 계시하셨다. 즉 아들은 하나님이 어떤 분이신지를 보여 주셨다! 분명히 나타내셨다! 드러내셨다! 이런 식으로 번역가들은 언어를 바꿔 가며 이 기적의 놀라운 의미에 도달하려고 노력한다.

그러나 갈릴리를 거닐던 그 사람은 하나님답게 행동하시는 하나님이었다. 하나님과 피조물 사이의 넓고 신비한 간극을 건너온, 의도적으로 한계를 껴안은 하나님이었다. 아무도 하나님을 본 적은 없었다.

"아버지 품속에 있는 독생하신 하나님이 나타내셨느니라 …… "(요 1:18). 여기서 '(품속에) 있었던' 이라고 과거 시제를 쓰지 않은 점을 주목해 보라. 마찬가지로 이 구절은 '아버지의 품속에 있을 것'이라고도 말하지 않는다. 그는 아버지의 품속에 있다. 문법학자들의 지식을 빌린다면 이 구절은 영속성과 지속성을 뜻하는 현재 시제로 진술되었다.

그러므로 예수님이 십자가에 달리셨을 때도 그분은 하나님의 품을 떠나지 않으셨다.

그러면 여러분은 물을 것이다. "토저 목사님, 그게 사실이라면 왜 예수님은 '나의 하나님, 나의 하나님 어찌하여 나를 버리셨나이까?'(막 15:34)라고 울부짖으셨나요?"

예수님은 겁에 질리셨던 것일까? 오해를 하셨던 것일까? 절대로 아니다!

예수님을 사랑하고 섬기는 우리는 매우 분명히 대답해야 한다.

그리스도 예수께서 인류를 위해 그 불결한 죄인의 십자가에서 죽으실 때조차 그분은 결코 하나님과 분리되지 않으셨다. 로마 황제 네로의 모든 검으로도 결코 신격의 본질을 도려내어 아들로부터 아버지를 분리시킬 수 없었다.

"어찌하여 나를 버리셨나이까?"라고 외친 것은 마리아의 아들이었다. 그것은 하나님이 그에게 주신 인간의 몸이었다. 울부짖은 것은 희생제물, 죽음을 앞둔 어린 양이었다.

그것은 인간 예수님이었다. 울부짖은 것은 사람의 아들이었다. 태초부터 계셨고 시대를 초월한 하나님의 신성은 분리되지 않았음을 믿으라. 예수님은 "내 영혼을 아버지 손에 부탁하나이다"(눅 23:46)라고 울부짖을 때도 여전히 아버지의 품에 있었다.

그러므로 십자가는 하나님의 신격을 나누지 않았으며 그 어떤 것도 결코 그렇게 할 수 없다. 삼위일체는 영원히 하나이시며, 나눌 수 없고, 나누어지지 않는 본질이시며, 혼란을 겪지 않는 세 위격이시다.

기독교 교회의 전통 신학은 얼마나 놀라운가! 경박하고 깊이를 상실한 이 시대에 하나님에 대한 우리의 지식은 얼마나 보잘것없는가? 더 알아야 할 것이 얼마나 많은가?

"본래 하나님을 본 사람이 없으되 아버지 품 속에 있는 독생하신 하나님이 나타내셨느니라"(요 1:18).

우리 안에 있는 그리스도

하나님은 어디에 계시든 무엇을 하시든 항상 그분답게 행동하신다. 그분 안에는 변함도 없고 회전하는 그림자도 없다. 그러나 무한하신 속성 때문에 우리의 이해력을 훨씬 넘어서는 지극히 높은 곳에 계신다. 하나님을 아는 지식을 쌓는 데 평생을 보낸다 해도 마치 시작조차 하지 않은 것처럼 여전히 배울 것 투성이다.

하나님은 무한한 지식과 완전한 지혜로 인간이 지닌 이성적 앎의 한계를 뛰어넘는 분이시다. 그래서 우리는 천체의 움직임을 예측하듯이 하나님의 행동을 예측할 수는 없다. 하나님은 자신의 우주를 자유로이 운행하시며 우리를 놀라게 하신다. 우리가 하나님을 아는 지식이 너무나 불완전한 나머지 하나님과 참된 만남을 가지면 언제나 즐거운 경이로움이 따를 것이다. 인간이 아무리 높은 기대를 품는다고 해도, 하나님이 마침내 우리 영적 인식의 영역으로 들어오실 때 드러나는 권능은 그 기대를 훨씬 넘어설 것이다. 우리는 분명히 놀랄 수밖에 없고 그분이 주시리라고 상상한 것보다 더 큰 축복과 경이로움을 누릴 것이다.

그러나 말했듯이 그분의 행동은 어느 정도 예측할 수 있다. 그분은 항상 그분답게 행동하신다. 예를 들면 우리는 하나님이 사랑이심을 알기 때문에 그 모든 행동에는 사랑이 깃들어 있으리라고 백 퍼센트 확신할 수 있다. 회개하는 죄인을 구원하시든 회개하지 않는 세상을 멸망시키시든 말이다. 마찬가지로 그분은 항상 의로우시고 신실하며 자비롭고 참되심을 알 수 있다.

인간의 경험을 초월하는 저 머나먼 영역에 있는 하나님의 행위에 많은 관심을 두기는 쉽지 않을 것이다. 그러나 사람들은 대부분 하나님이 우리의 처지라면 어떻게 행동하실지 궁금히 여겨 왔다. 그리고 이토록 악한 세상에서 바르게 살기가 얼마나 힘든지 하나님은 아마 이해하지 못할 것이라고 느꼈던 순간들이 누구에게나 있을 것이다. 또 하나님이 잠시 동안 우리 가운데 사신다면 무엇을 하실지, 어떻게 행동하실지 궁금했을 것이다.

이러한 궁금증은 자연스러운 것일 수도 있지만 완전히 불필요한 것이다. 우리는 하나님이 우리 입장이라면 어떻게 행동하실지 알고 있다. 하나님은 우리의 입장이 되신 적이 있으시다. 하나님이 인간의 육신을 입고 나타나신 것은 신앙의 신비이다. 그분의 이름은 임마누엘이었고 하나님이 우리와 함께 계신다는 뜻이다.

예수님이 이 땅에 거하셨을 때, 그분은 하나님답게 행동하는 사람이셨다. 그 못지않게 놀라운 것은 그분은 또한 사람의 모습 속에서 하나님답게 행동하신다는 사실이다. 우리는 하나님께서 하늘에서 어떻게 행동하시는지 알고 있다. 그분이 이 땅에서 행동하시는 것을 보았기 때문이다. "나를 본 자는 아버지를 보았거늘 어찌하여 아버지를 보이라 하느냐"(요 14:9).

이것은 참으로 영광스러운 일이지만 여기서 끝나지 않는다. 하나님은 여전히 인간의 모습으로 거하신다. 그리고 어디에 거하시든 하나님답게 행동하신다. 이것은 시적 표현이 아니라 삶의 실험실에서 증명될 수 있는 분명하고 엄연한 사실이다.

그리스도께서 실제로 중생한 성도의 본성 안에 거하신다는 것은 성경에서 당연히 여겨지고, 암시되고, 명백하게 언급된다. 신격의 모든 위격은 믿음과 순종으로 신약 성경의 진리를 받아들이는 사람의 본성 안에 침투한다. "사람이 나를 사랑하면 내 말을 지키리니 내 아버지께서 그를 사랑하실 것이요 우리가 그에게 가서 거처를 그와 함께 하리라"(요 14:23). 그리고 성령의 내주하심의 교리는 너무 잘 알려져 있기에 여기서 더 이상 보충 설명할 필요가 없을 정도다. 하나님의 말씀을 조금이라도 배운 사람이라면 다 이해할 것이다.

하나님이 어떤 분이시든, 사람이신 그리스도 예수 또한 그와 같은 분이시다. 하나님이 그리스도 안에서 나타나실 뿐 아니라 또한 그리스도로 나타나신다는 것을 교회는 사도들의 시대부터 확고히 믿어 왔다. 아리우스 논쟁이 일어났던 시대에 교부들은 모든 신자들이 이에 관한 신약 성경의 가르침을 분명하게 알도록 고도로 압축된 규범 또는 신조를 작성할 필요를 느꼈다. 이것을 그들은 다음과 같은 말로 표현했다.

"올바른 믿음은 하나님의 아들 우리 주 예수 그리스도가 하나님이자 사람임을 믿고 고백하는 것이다. 즉 그분은 태초부터 계셨던 아버지 하나님의 본질을 지닌 하나님이자 세상에서 태어나 어머니의 본질을 지닌 인간이다. 완전한 하나님이자 완전한 인간이다. 합당한 영혼과 육체를 지닌 한 인간이며 그래서 하나님과 인간이 그리스도 안에 공존한다."

성도들의 마음속에 계신 그리스도는 갈릴리와 유대에서 행동하셨던 것과 똑같이 행동하실 것이다. 그분의 성품은 그때나 지금이나 동일하다. 당시 그분은 거룩하시고, 의로우시고, 자비하시며, 온유하고, 겸손하셨으며 지금도 변함이 없으시다. 그분은 어디에 계시든 동일하다. 하나님의 오른편에 계시든, 참된 제자들 속에서 발견되시든 동일하다. 사람들 사이에 거하셨을 때 그분은 다정하고, 사랑이 넘치며, 신실하고, 친절하고, 경건하고, 자기희생적인 분이셨다. 하나님이 사람으로 거하실 때도 동일하리라 예상하는 것이 이치에 맞지 않은가?

그렇다면 진정한 기독교인들이 때로 비기독교적 방식으로 행동하는 이유는 무엇일까? 자칭 기독교인이 삶에서 그리스도의 아름다운 도덕성을 보여 주지 못하면 사람들은 그가 스스로를 기만해 왔으며 실제로 참된 그리스도인이 아니라는 증거로 여길 것이다. 하지만 그리 간단히 설명될 문제가 아니다.

진실은 그리스도께서 성도의 새로운 본성 안에 거하시는 동안 성도의 옛 본성과 강한 경쟁을 한다는 것이다. 옛 본성과 새 본성 사이의 전쟁은 대부분의 신자들에게 끊임없이 계속된다. 우리는 이것이 피할 수 없는 일이라 여기지만 신약 성경의 가르침은 다르다. 로마서 6-8장을 진지하게 살피면 승리하는 방법을 알게 될 것이다. 만약 우리가 그리스도께서 완전한 통치를 하도록 해드리면 그분은 갈릴리에 거하셨던 것처럼 우리 안에서 거하실 것이다.

3

내가 '성령님'을 믿사오니

하나님이 우리 가운데 현존하시는 것이다

자유주의자들은 그리스도의 신성을 무시하거나 부인하는 비극적 실수를 저질렀다. 그들에게 남는 것은 오직 불완전한 그리스도뿐이다. 예수님의 죽음은 순교에 불과하고 부활은 신화에 지나지 않는다. 단지 인간 구원자를 추종하는 자들이라면 구세주를 전혀 인정하지 않고 오직 어떤 이상만을 따르는 것이다. 더 나아가 그들의 약점과 죄를 조롱하는 그 이상의 어떤 것도 할 수 없는 자를 따르는 것이다. 마리아의 아들이 하나님의 아들이 아니었다면 인류에게는 더 이상 어떤 희망도 있을 수 없다. 자신이 세상의 빛이라 선포하셨던 분이 단지 꺼져 가는 횃불에 불과했다면 지구를 뒤덮은 어둠은 계속되어야 할 것이다. 기독교 지도자로 자처하는 사람들은 이 사실을 도외시하지만, 그들이 맡은 양떼의 영혼에 대한 책임은 결코 도외시할 수 없다. 하나님은 그들을 영적 지도자로 믿고 따랐던 사람들에게 그들이 안긴 상처에 대해 책임을 물을 것이다.

하지만 그리스도의 신성을 부인하는 자유주의자들의 행위가 아무리 비난받을 만해도, 정통성을 지녔다고 자부하는 우리는 분노에 함몰되어 자신들의 잘못을 대충 보아 넘겨서는 안된다. 지금 기독교는 스스로를 자축할 때가 아니다. 우리 역시 최근 몇 년간 종교적으로 자유주의자들과 거의 맞먹을 만큼 크나큰 과오를 저질렀다. 솔직히 죄라고 해도 무방할 우리의 과오는 성령론을 소홀히 한 것이다. 삼위일체에서 성령의 자리를 거의 부인할 정도까지 가고 말았다. 공개적인 교리 진술을 통해 성령을 부인하지는 않았다. 왜냐하면 우리는 신조를 공식적으로 선언하는 데 있어서는 언제나 성경적 입장을 엄밀히 잘 지켜왔기 때문이다. 우리의 공식적인 신조는 건전하나, 실천 신조에 문제가 있다.

이 괴리를 가볍게 여겨선 안된다. 교리가 가치를 지니려면 우리의 생각 속에 자리 잡고 삶에 변화를 불러일으켜야 한다. 이런 점에서 볼 때 오늘날 복음주의 기독교인들이 믿고 있는 성령론은 실천적 가치가 거의 없다. 오늘날 대부분의 교회는 성령을 거의 전적으로 간과하고 있다. 성령이 임재하시든 부재하시든 사람들의 삶에는 달라지는 것이 전혀 없다. 송영과 축도 시간에 성령을 잠깐 언급하지만 그 외에는 마치 성령이 존재하지 않는 듯하다. 우리가 성령을 너무나 간과하기 때문에 우리를 삼위일체주의자라 부르는 것은 그저 의례에 불과할 정도이다. 기독교의 삼위일체 교리는 대담하게 세 위격의 동등성과 성령님의 경배와 영광 받으실 권리를 선언한다. 이를 믿지 않는다면 삼위일체론자라고 할 수 없다.

성령에 대한 우리의 소홀함

신성한 세 번째 위격의 교리를 소홀히 함으로써 심각한 결과가 초래되었고 지금도 초래되고 있다. 교리는 다이너마이트이다. 그 힘이 방출되려면 폭발을 불러일으킬 만큼 전폭적인 강조가 있어야 한다. 그렇지 못하면 교리는 우리 마음 한구석에서 아무런 영향도 미치지 못한 채, 평생 잠자고 있을 것이다. 성령의 교리는 묻혀 있는 다이너마이트이다. 그 힘은 교회가 발견하고 써주기를 기다리고 있다. 성령의 능력은 성령에 관한 진리를 일부만 가져다 쓰는 이들에게는 주어지지 않을 것이다.

성령은 우리가 그분을 찬송가 뒷면에 수록된 신조에 기록해 넣든 말든 전혀 개의치 않으신다. 성령은 우리가 '주목'하기를 기다리신다. 성경 교사들이 성령을 생각하고 주목해야 청중들이 성령을 기다리고 기대하게 될 것이다. 성령이 더 이상 부차적 존재가 아니라 다시 근본적인 존재가 될 때, 성령의 능력은 그리스도인들 사이에서 또다시 선포되고 칭송될 것이다.

평범한 신자들이 성령에 대해 지닌 생각은 너무 모호해서 실체가 있는지조차 모를 지경이다. 그들은 성령을 교회에 존재하며, 선한 사람들이 죽을 무렵 그 주위를 맴도는 보이지 않는 한 줄기의 희미한 연기 같은 물질로 상상할지도 모르겠다.

사실 교인들은 그런 것을 전혀 믿지 않지만, 무엇인가를 믿고 싶어 한다. 하지만 모든 진리를 성경의 빛에 비추어 살펴볼 엄두가 나지 않는다. 성령에 대해서는 자신의 삶의 중심에서 가능한 한 멀리 떨어져 있다는 믿음을 견지함으로써 타협한다. 그 결과 성령의 감동을 받아 어떤 변화를 불러일으키지 못한다. 이것이 참된 그리스도인이 되려고 열성적으로 노력하는 수많은 교인들의 현실이다.

그렇다면 우리는 성령을 어떻게 생각해야 할까? 그 답은 열두 권의 책에 담아도 부족할 만큼 끝없을 것이다. 우리는 기껏해야 "위로부터 오는 은혜의 기름 부음" 정도로 집약한 뒤, 스스로의 열망을 충분한 자극제 삼아 신성한 제삼 위격을 알아 가기를 바랄 뿐이다.

나는 오랫동안 그리스도인들의 체험을 기록한 글들을 읽었는데, 성령의 능력을 가장 많이 누렸던 사람들은 성령에 대해 정의 내리려는 시도를 가장 적게 했다. 성경에서 성령과 동행했던 믿음의 사람들은 결코 성령을 설명하려고 하지 않았다. 성경 이후의 시대에 성령에 사로잡혔던 많은 사람들은 표현 능력의 한계 때문에 성령에 대해 많이 말하지 못했다. 그들은 자신에게 일어나는 일들을 분석하는 재주는 없었지만 성령 안에서 수용적이고 단순한 삶을 살았다. 그들은 성령도 예수님과 마찬가지로 사랑하고 교제해야 할 분으로 여겼다. 그들은 성령의 본질에 대한 형이상학적 토론은 하지 못했겠지만 거룩한 삶과 유익한 봉사를 가능케 하는 성령의 능력을 주장하는 데는 아무런 문제가 없었다.

이는 당연한 일이다. 개인적 경험은 실생활에서 언제나 가장 우선이 되어야 한다. 우리가 지식을 직접적인 방법으로 경험한다는 것이 중요하다. 어린이는 화학이나 영양학에 대해 아무것도 모른 채 영양가 있는 음식을 먹을 수 있다. 시골 소년은 순수한 사랑의 즐거움을 알지만 지그문트 프로이트(Sigmund Freud)나 생물학자 해브록 엘리스(Havelock Ellis)에 대해 들어본 적이 없을 수도 있다. 직접적

만남으로 쌓는 지식은 설명을 통해 얻는 단순한 지식보다 항상 더 나으며, 앞의 지식은 뒤의 지식을 전제하거나 필요로 하지 않는다.

인간 경험의 다른 어떤 영역보다도 종교에서는 간접적으로 아는 것(Knowing about)과 직접 아는 것(knowing) 사이를 언제나 뚜렷이 구별해 왔다. 그러한 구분은 음식에 대해 아는 것과 실제로 음식을 먹는 것 사이에도 똑같이 적용된다. 사람은 빵에 대한 모든 지식을 가진 채 굶어 죽을 수도 있고, 기독교의 온갖 역사적 사실을 알면서도 영적으로 죽어 있을 수 있다. "영생은 곧 유일하신 참 하나님과 그가 보내신 자 예수 그리스도를 아는 것이니이다"(요 17:3). 이 구절에 한 단어만 덧붙인다면 무엇에 대해 아는 것과 직접 아는 것 사이의 차이가 얼마나 큰지 알 수 있다. "영생은 곧 유일하신 참 하나님과 그가 보내신 자 예수 그리스도에 대하여 아는 것이니이다." 이 한 단어는 삶과 죽음 사이의 모든 차이를 만든다. 바로 이 구절의 핵심을 건드려서 그것의 신학을 근본적으로 바꾸어 버리기 때문이다.

이러한 이유로 우리가 무엇에 대해 단순히 아는 것의 중요성을 과소평가하지는 않을 것이다. 그것의 가치는 우리에게 실제적 경험을 통해 알고 싶은 욕구를 불러일으키는 데 있다. 설명에 의한 지식은 직접적 체험을 통한 지식으로 이어질 수 있다. 그러기를 바라지만 반드시 그런 것은 아니다. 따라서 우리가 성령에 대해 배우기 때문에 그분을 안다고 섣불리 결론 내려서는 안 된다. 그분을 직접 아는 것은 오직 성령과의 인격적인 만남을 통해서만 가능하다.

성령을 어떻게 생각해야 할까? 영이라는 단어 자체에서 우리는 성령에 대해 많은 것을 배울 수 있다. 영은 물질을 훨씬 초월한 차원에 존재하는 무엇, 즉 다른 방식으로 존재하는 생명을 뜻한다. 영은 무게, 차원, 크기, 공간 확장성이 없는 실체이다. 영은 물질에 속하지 않으므로 앞서 나온 물질적 속성들은 영에는 적용되지 않는다. 그럼에도 영은 정말로 존재하는 객관적인 실체이다. 이것을 시각화하기 어렵다면 그 부분은 그냥 지나치자. 우리 이성의 능력 밖의 일을 파악하려는 것은 기껏해야 이성의 어설픈 시도에 불과하기 때문이다. 만약 성령에 대해 생각할 때 우리 지성의 한계 때문에 그분을 우리에게 친숙한 물질적 형태의 어떤 모습으로 상상할 수밖에 없다 해도 크게 문제가 되지는 않는다.

성령을 어떻게 생각해야 할까? 성경과 기독교 신학은 다 같이 성령이 감정, 지성, 의지 등 모든 인격적 특성을 지닌 인격체라고 가르친다. 성령은 알고, 의지를 지니고, 사랑하신다. 즉 애정과 혐오감과 연민을 느끼신다. 성령은 생각하고 보고 듣고 말하며 인격체가 할 수 있는 모든 행위를 수행하신다.

무언가를 구하는 사람이라면 큰 흥미를 가질 성령의 중요한 한 가지 특성은 성령의 침투성(penetrability)이다. 성령은 마음을 관통하실 수 있으며, 인간의 영혼 같은 다른 영혼을 관통하실 수 있다. 인간의 영혼에 완전히 침투하여 실제로 섞일 수 있다. 인간의 마음에 파고들어 인간의 본질적인 어떤 것도 쫓아내지 않고 자신의 자리를 만드실 수 있다. 인간 인격의 본래적 상태는 손상되지 않는다. 오직 도덕적 악함만 물러날 수밖에 없다.

여기에 관련된 형이상학적 문제는 해결할 수도 없지만 또한 더 이상 회피할 수도 없다. 어떻게 하나의 인격이 다른 인격으로 들어갈 수 있을까? 솔직한 대답은 그저 우리는 모른다는 것이다. 하지만 최대한 이해해 보자면 수백 년 전의 경건한 저술가들로부터 빌려온 간단한 비유가 도움이 될 것이다. 우리는 쇳조각 하나를 불 속에 넣고 불길을 더 돋운다. 처음에 철과 불은 두 가지 구별된 물질이다. 불 속에 철을 집어넣으면 철이 침투했다고 볼 수 있다. 하지만 철만 불 속에 있는 것이 아니라 철 속에도 불이 있다. 둘은 구별된 두 개의 물질이지만 서로 섞이고 침투하여 마침내 하나가 된다.

어느 정도 그런 방법으로 성령님이 우리 영에 침투하신다. 모든 경험 가운데서도 우리는 바로 우리 자신으로 남는다. 서로 간에 어떤 실체의 파괴도 없다. 각각은 예전처럼 구별된 존재이다. 차이점은 이제 성령이 침투하셔서 우리의 인격을 채우시고 우리는 경험적으로 성령과 하나가 된다는 것이다.

성령을 어떻게 생각해야 할까? 성경은 성령이 하나님이라고 선언한다. 전능하신 하나님께 속한 모든 특성은 그대로 성령께도 귀속된다. 하나님에 관한 모든 것은 또한 성령에 대한 것이 된다. 하나님의 성령은 하나님과 하나이며 동등하시다. 마치 사람의 영혼이 사람과 하나이며 동등하듯이 말이다. 이 사실은 성경에 너무나 충분히 나와 있어서 증거자료라는 형식을 생략해도 논거에 아무런 타격을 받지 않을 것이다. 가장 무심한 독자조차 스스로 알아차릴 것이다.

역사적 교회는 '신앙의 규범'을 공식화했을 때 성령의 신성에 대한 믿음을 대담하게 고백문으로 작성했다. 사도신경은 성부와 성자와 성령에 대한 믿음을 증거하며, 세 분 사이에 어떤 차이도 두지 않는다. 니케아 신조(the Nicene Creed)를 작성했던 교부들은 성령의 신성에 대한 그들의 믿음을 매우 아름다운 문장으로 증언했다.

> "그리고 성령을 믿사오니, 그는 생명을 주시는 주님이시며 아버지와 아들에게서 나오시고 아버지와 아들과 함께 경배와 영광을 받으시나이다."

4세기에 교부들은 아리우스 논쟁(the Arian controversy) 때문에 이전보다 더 명확하게 자신들의 신념을 진술할 필요성을 느꼈다. 당시 등장한 중요한 저작 중 하나가 아타나시우스 신조이다. 이 신조를 누가 작성했는지는 지금 그리 중요하지 않다. 아타나시우스 신조는 가능한 한 간결하게 하나님의 본질에 대해 성경이 가르치는 바를 진술하려는 의도로 작성되었다. 그리고 전 세계 어느 문헌과도 비교할 수 없을 정도로 포괄적이고 엄밀하게 쓰여졌다. 다음은 성령의 신성에 관한 생각이 담긴 인용문들이다.

"아버지의 한 위격이 있고,
아들의 한 위격이 있으며,
또한 성령의 한 위격이 있습니다.
그러나 성부, 성자, 성령의 신격은 모두 하나입니다.
영광은 동등하고 위엄도 함께 영원하십니다.
그리고 이 삼위일체 안에서 어느 한 분도 앞서거나 뒤처지지 않으시며,
어느 한 위격도 다른 위격보다 더 크거나 작지 않습니다.
세 위격 모두는 다 함께 영원하고 동등하십니다.
그러므로 앞서 말했듯 만물은 삼위일체 안의 단일성과 단일성 안의 삼위일체를 경배해야 마땅합니다."

교회는 거룩한 찬송가를 통해 성령의 신격을 기꺼이 인정하고 영감 어린 노래를 통해 기쁨으로 그분을 경배했다. 성령에 대한 찬송가 중 더러는 너무 친숙하다는 이유로 우리는 그에 담긴 진정한 의미를 놓치곤 한다. 〈영화로신 주 성령〉 같은 훌륭한 찬송이 그렇다. 하나를 더 꼽자면 〈성령의 은사를〉이라는 더욱 최근의 곡이다. 그 외에도 많은 곡

들이 있다. 이런 찬송가들은 그 내용에 대한 체험적 지식이 없는 사람들에게 너무 자주 불린 나머지 그 뜻들이 마음에 거의 새겨지지 못하게 되고 말았다.

프레드릭 파버(Frederick Faber)의 시들 가운데서 성령에 대한 찬송시를 발견했는데, 지금까지 쓰인 곡들 중 가장 훌륭하다고 꼽을 만한 것들이다. 하지만 내가 아는 한 적어도 곡이 덧입혀지지 않았거나 곡이 있다 해도 오늘날 내가 아는 교회에서는 불리지 않고 있다. 그 이유는 이 곡이 성령에 대한 너무 깊고 친밀하며 뜨거운 개인적 체험을 담고 있어서, 오늘날 복음주의 교회 예배자들의 마음속에 공감을 일으키지 못하기 때문이 아닐까? 찬송시 세 연을 인용해 보겠다.

"사랑의 샘!
참 하나님!
영원 속에서
아버지와 아들로부터
알 수 없는 길로 나오시나이다!

당신 앞에 두려워 떱니다. 근원적 사랑이신
참 하나님! 오직 하나뿐인 은혜의 샘이시여!

이제 당신의 축복받은 보좌 앞에
내 죄 많은 자아를 내려놓나이다.

오, 빛이며 사랑이신 참 하나님!
감히 바라볼 수 없나이다
당신의 놀라운 속성들과
그 신묘막측한 길들을."

이 시구들은 훌륭한 찬송가가 될 모든 요건을 갖추고 있다. 건전한 신학, 매끄러운 구조, 서정적 아름다움, 고도로 응축된 심오한 사상, 고결한 종교적 감정 등이다. 그러나 이것들이 완전히 외면당하고 있다. 나는 우리가 성령의 강력한 역사하심을 회복하면 오랫동안 잊혔던 찬송가들의 우물 또한 터지리라 믿는다. 찬양은 결코 성령을 불러올 수 없지만, 성령은 언제나 찬양을 불러오기 때문이다.

우리가 믿는 기독교의 성령 교리는 하나님이 우리 가운데 현존하신다는 것이다. 성령은 그저 하나님의 메신저가 아니다. 성령은 하나님이시다. 자신의 피조물과 접촉하고 그들 안에서 그리고 그들 가운데서 구원하고 새 사람을 만드는 사역을 하시는 하나님이다.

하나님의 세 위격은 결코 분리되어 일하시지 않는다. 우리는 감히 '본질을 나누는' 식으로 하나님을 생각할 수 없다. 하나님의 모든 행위는 세 위격 모두가 행하시는 것이다. 하나님은 결코 어디서든 다른 두 위격에는 부재하면서 한 위격에만 계시지 않는다. 그분은 자신을 나누실 수 없다. 성령이 계신 곳에는 아버지와 아들도 계신다. "우리가 그에게 가서 거처를 그와 함께 하리라"(요 14:23). 어떤 특정한 일을 성취하기 위해 한 위격이 다른 위격보다 한동안 더 두드러질 수는 있지만 결코 단독자로 계시지는 않는다. 하나님은 어디에 계시든 세 위격이 함께 계신다.

"하나님은 어떤 분인가?"라는 경건한 질문에 대한 적절한 대답은 언제나 "그분은 그리스도와 같으시다"가 될 것이다. 왜냐하면 그리스도는 하나님이시며, 유대 땅에서 사람들 사이에 거하던 인자는 하나님의 성육신으로 말미암아 놓인 익숙한 일상에서 하나님답게 행동하셨기 때문이다.

"성령은 어떤 분인가?"라는 질문에 대한 답은 언제나 "그분은 그리스도와 같으시다"가 되어야 한다. 성령은 아버지와 아들의 본질이기 때문이다. 아버지와 아들이 그러신 것처럼 성령도 마찬가지다. 우리는 그리스도와 하늘에 계신 아버지를 향해 느끼는 대로 아버지와 아들의 성령을 향해서도 느껴야 한다.

성령은 생명과 빛과 사랑의 영이시다. 성령은 창조되지 않은 스스로의 본성을 지닌 채, 흐르고 움직이며 하나님의 영원한 목적을 이루어 가시는 무한한 불의 바다이다. 성령은 자연을 향해서, 세상을 향해서, 또 교회를 향해서 각기 다른 일을 수행하신다. 그리고 그분의 모든 행위는 삼위일체 하나님의 뜻과 일치한다. 성령은 결코 충동적으로 행동하거나 성급하고 독단적 결정에 따라 움직이지 않으신다. 성령은 아버지의 영이시며, 아버지가 백성들을 향해 느끼시는 것과 정확히 똑같이 느끼신다. 따라서 우리는 성령 앞에서 어색함을 느낄 필요가 없다. 그분은 항상 죄인들을 향해 예수님처럼 긍휼로, 성도들을 향해 따뜻한 애정으로, 고통받는 인간을 향해 가장 부드러운 연민과 사랑으로 행동하실 것이다.

우리의 태만에 대한 회개

이제 우리가 회개해야 할 때이다. 수없이 그리고 심각하게 거룩한 성령을 거스르는 죄를 지어 왔기 때문이다. 우리는 성령을 그분의 친구들의 집에서 몹시 부당하게 대했다. 사람들이 예루살렘 위쪽 언덕에서 영원한 아들을 십자가에 못 박았던 것처럼, 우리는 그분의 성전에서 성령을 십자가에 못 박았다. 그리고 우리가 사용한 못은 쇠가 아니라 더할 나위 없이 귀한 재료로 만들어졌는데, 바로 인간의 생명의 재료이기도 하다. 우리는 우리의 마음에서 의지와 감정과 생각이라는 제련된 금속을 뽑아내 그것으로 의심과 반항과 태만의 못을 만들었다. 성령을 향해 합당치 못한 생각을 하고 배타적인 태도를 보임으로써 성령을 끝없이 슬프게 하고 억눌렀다.

가장 진실하고 인정할 만한 회개는 뉘우치는 행위와 태도를 돌이키는 것이다. 잘못된 행동을 천 년 동안 후회한다고 해서 행동을 바로잡고 새 삶을 사는 것만큼 하나님을 기쁘시게 하지는 못한다. "악인은 그의 길을, 불의한 자는 그의 생각을 버리고 여호와께로 돌아오라 그리하면 그가 긍휼히 여기시리라 우리 하나님께로 돌아오라 그가 너그럽게 용서하시리라"(사 55:7).

우리는 더 이상 성령을 소홀히 하지 않음으로써 우리의 소홀함을 가장 잘 회개할 수 있다. 성령을 경배하고 순종해야 할 분으로 생각하기 시작하자. 모든 문을 열고 성령을 안으로 초대해 들이자. 우리 마음의 성전의 모든 방을 그분께 내드리고 그분이 자신의 거처에 주님과 주인으로 들어오시도록 청하자. 그리고 꿀벌이 클로버 향기에 이끌리듯 성령은 예수님의 향기로운 이름에 이끌리심을 기억하자. 그리스도가 영광을 받으시는 곳에는 성령이 반드시 환영받으신다. 그리스도가 영광을 받으시는 곳에서 성령은 자유롭게 활동하며 즐겁고 편안하실 것이다.

4

내가 '십자가에 못 박히심'을 믿사오니

우리를 위해 기꺼이 자신을 내어 주시다

오늘날 세상은 심지어 종교계조차 죄에 대한 인간의 책임, 심판의 현실, 하나님의 분노, 구세주가 십자가에 못 박혀야 할 절대적 필요성에 대해 침묵할 것을 모의하고 있다.

다른 한편으로는 사람들에게 예수 그리스도의 시련과 십자가 못 박히심에 대한 역사적 책임을 덜어 줌으로써 마음의 평화를 선사하려는 공개적이고 강력한 운동을 대대적으로 일으키고 있다. 형제애와 관용을 빙자한 오늘날의 신조와 선언들이 지닌 문제는 기독교 신학에 대한 근본적인 오해에 있다.

인류 모두에게는 크고 암울한 그림자가 드리워져 있다. 바로 우리 주님이 온 인류를 위해 멍들고 상처 입고 십자가에 못 박혔다는 사실이다. 인간은 자신의 이 근본적인 책임을 밀어내고 회피하려고 안간힘을 쓰고 있다.

가룟 유다나 빌라도에게 비난을 퍼붓지 말자. "그놈이 돈에 눈이 멀어 예수님을 팔아넘겼어"라고 입을 삐죽이며 유다를 비난하지 말자.

나약한 의지를 지닌 빌라도를 불쌍히 여기자. 그는 용

기가 부족해서 아무런 죄가 없다고 주장했던 결백한 사람을 위해 나서 주지 못했기 때문이다.

못 박히도록 예수님을 넘겨 준 유대인들을 욕하지 말자. 예수님을 십자가에 매단 죄를 비난하기 위해 로마인들을 지목하지 말자.

그들은 두말할 필요 없이 죄를 지었다! 하지만 우리도 같은 죄를 지은 공범자들이다. 그들과 우리 모두 예수님을 십자가에 못 박았다. 오직 그들만이 아니다. 당신 속의 활활 타오르는 분노와 솟구치는 악의가 그분을 십자가에 못 박았다. 당신이 고의로 소득세 신고액을 속여서 깎을 때 표출되는 근본적 부정직함이 그분을 십자가에 못 박았다. 악, 증오, 의심, 질투, 거짓말하는 혀, 방탕함, 육체적 쾌락을 좇음, 거듭나지 못한 자연인의 이 모든 악행들이 그분을 십자가에 못 박는 데 일조했다.

우리의 책임

우리가 그분을 그곳에 못 박았다. 인정하는 편이 나을 것이다. 아담의 후손인 우리 한 사람 한 사람이 모두 그분을 십자가에 못 박는 데 동참했다!

나는 종종 신앙을 고백하는 그 누구라도 어떻게 “나 또한 그분을 십자가에 못 박는 무리 가운데 있었나이다”라고 마음속으로 고백하는 고통과 부끄러움 없이 성찬 식탁에 다가가 우리 주님의 죽음을 기념할 수 있는지 의아하다.

거듭나지 않은 자연인의 특징을 상기시켜 주고 싶다. 하찮고 사소한 일로 늘 스스로를 분주하게 만들어서 생명과 존재에 관계된 가장 중요한 일들을 결정하기를 회피한다.

사람들은 그 어디서라도 모여 최신 유행부터 플라톤과 철학에 이르기까지 온갖 주제를 놓고 이야기하며 토론한다. 그들은 평화의 필요성을 이야기한다. 교회에 대해 이야기하며 어떻게 교회가 공산주의 사상을 막아 낼 요새가 될 수 있는지 열을 올릴지도 모른다. 이러한 주제들은 어느 것도 그들에게 당혹스럽지 않다.

하지만 누군가 우리 영혼에 지극히 중요한 영적 주제들을 토론하자고 제안한다면, 모든 대화는 중단되고 불편한 침묵이 흐를 것이다. 예의 바른 사회에서는 만약 종교적 주제들을 토론할 경우 이론의 틀 안에서 다루어야 한다는 불문율이 있다. “절대로 개인적 차원에서 얘기해서는 안된다.”

하지만 더없이 그리고 언제까지나 중요한 단 한 가지

가 있다면 우리 주 예수 그리스도가 "찔림은 우리의 위반(transgression, 한글 개역 개정 성경은 '허물'로 옮기고 있으나 저자의 의도를 존중하기 위해 편의상 '위반'으로 표기함-역자 주) 때문이요 그가 상함은 우리의 죄악 때문이라 그가 징계를 받으므로 우리는 평화를 누리고 그가 채찍에 맞으므로 우리는 나음을 받았도다"(사 53:5)라는 사실이다.

여기 위반과 죄악이라는 매우 강렬하고 끔찍한 두 낱말이 있다. 위반은 정당한 권위로부터의 이탈이나 반항이다. 도덕적 관점에서 볼 때 오직 인간과 타락한 천사들만 하나님의 권위에 반항하고 어긋났으며 인간은 아직도 노골적으로 그 권위에 저항하고 있다.

영어에는 위반과 죄악이란 말에 내재된 공포의 무게와 강도를 제대로 전달해 줄 표현이 없다. 그러나 인간이 타락하고 하나님의 창조적 질서와 권위를 위반하는 과정에서 우리는 왜곡과 뒤틀림과 일그러짐과 반역을 인식한다. 이 모든 것은 현실이며, 예수님이 십자가상에서 죽으신 이유와 필요성을 명백히 보여 준다.

죄악은 결코 좋은 말이 아니다. 우리가 얼마나 이 말을 극도로 싫어하는지 하나님이 잘 아실 것이다. 그러나 죄악의 결과는 피할 수 없다. 이사야 선지자는 구세주가 "우리의 죄악" 때문에 상하셨음을 분명히 상기시킨다.

우리는 그것을 부인하며 아니라고 항변하지만, 모든 인류의 지문이 우리의 죄악에 대한 명백한 증거이다. 자신의 지문을 테이블과 문손잡이에 남긴 서툰 도둑을 잡기란 경찰에게 식은 죽 먹기다. 범죄 기록이 이미 경찰의 수중에 있다. 인간의 지문들은 전 세계의 어두컴컴한 지하 창고, 골목, 불빛이 흐릿한 사악한 장소 어디서나 발견된다. 모든 인간의 지문이 기록으로 남고 하나님은 인간을 각기 다 구별해서 알고 계신다. 유죄를 부인하고 우리의 도덕적 책임을 다른 누군가에게 전가하기란 불가능하다. 이것은 각 사람의 매우 사적인 문제로서 '우리의 죄악'이다.

십자가 못 박힘의 함축적 의미

우리의 위반과 죄악 때문에 예수님이 찔리고 상하셨다. 나는 그분이 입으신 상처가 무엇을 의미하는지 입에 담기조차 싫다. 그것은 그분의 신성이 모독당하고 손상을 입었으며 더럽혀졌다는 뜻이다. 인간들이 예수님을 그들의 사악한 손아귀에 넣었을 때 그분은 예수 그리스도셨다. 이어서 그분은 수치와 신성 모독을 당했다. 수염이 뜯기고 피로 얼룩졌으며 지상의 때로 더럽혀졌다. 하지만 그분은 아무도 비난하거나 저주하지 않으셨다. 그분은 예수 그리스도, 상처 입은 하나님이셨다.

이스라엘의 크나큰 짐이자 실책은 예루살렘 저편 언덕에서 상처 입은 하나님이 바로 스스로의 죄 때문에 처벌받으셨다고 판단했던 것이다.

자신이 유대인이었던 이사야는 이 역사적 판단 오류를 예언하며 이렇게 말했다. "그는 실로 우리의 질고를 지고 우리의 슬픔을 당하였거늘 우리는 생각하기를 그는 징벌을 받아 하나님께 맞으며 고난을 당한다 하였노라." 예수님은 우리를 대신해 치욕을 당하셨다. 하나님의 제2격이신 그분은 우리를 위해 상처 입으셨을 뿐 아니라 무지하고 가치 없는 인간들에 의해 치욕을 당하셨다.

이사야는 "그가 징계를 받음으로 우리가 평화를 누"린다고 전한다. 우리를 하나님께 회복시키는 것은 바로 이 평화 즉 건강, 번영, 안녕, 안전이라는 것을 깨닫는 사람들은 거의 없다. 그분께 징계가 내려짐으로 우리 개별적인 한 사람 한 사람은 원하기만 하면 하나님과 평화를 누릴 수 있다. 그러나 징계는 그분께 내려졌다. 징계에는 꾸짖음, 훈육, 바로잡음이 포함된다. 그분은 로마인들의 법령에 따라 공개적으로 얻어맞고 채찍질 당했다. 그들은 조롱하는 무리들이 모두 지켜보는 가운데 그분께 채찍을 휘두르고 단죄했다. 하나님의 멍 들고 피투성이 되고 부어오른 모습의 인자는 세상과 인간의 마음의 평화를 불러오기 위한 해답이었다. 그분은 우리의 평화를 위해 징계 받고 주먹질과 발길질을 당했다.

인간이 이제껏 고안해 낸 어떤 처벌도 만인이 보는 앞에서 다 성장한 성인을 때리고 채찍질하는 것보다 더 수치스럽지는 않을 것이다. 투옥된 수감자들 중 대중의 눈에는 영웅으로 비치는 자들이 많다. 법을 다양하게 위반한 사람들에게 무거운 벌금이 부과돼 왔지만, 그런 범죄자들이 그것을 어떻게 모면했는지 떠벌리고 으스대는 것은 보기 드문 일이 아니다. 그러나 죄인 하나가 비웃고 조롱하는 무리 앞으로 끌려 나와 웃통이 벗겨지고, 나쁜 짓을 한 아이처럼 가혹하게 채찍질 당한다면 체면이 땅에 떨어지고 자랑할 것이 하나도 없다. 그런 유의 징계와 채찍질은 정신을 피폐시키며 굴욕감을 안겨 준다. 그 원통함은 등을 후려치는 채찍보다 더 끔찍할 것이다.

나는 우리가 회개할 때 예수 그리스도께서 우리를 대신

해서 감당했던 상처와 징계의 단 일부분, 한 부스러기라도 느낄 수 있다고 생각한다. 그리고 이것은 용서받고 의롭게 된 죄인으로서의 나 자신뿐만 아니라 용서받고 거듭난 무수한 신자들을 대변해서 하는 말이다. 하나님에 대한 자신의 죄와 반역이 얼마나 막대한지를 깨닫는 진정한 회개자는 끔찍한 자기 혐오감을 느낀다. 사실 감히 하나님께 그 죄를 벗게 해달라고 구할 수조차 없다고 느낀다. 그러나 예수 그리스도께서 모든 대가를 치름으로 평화가 왔다. 그분은 자신이 저지르지 않은 죄와 자신이 가담하지 않은 반역 때문에, 사랑의 하나님이자 창조주를 격노케 한 인간의 죄악 때문에, 마치 좀도둑처럼 공개적으로 수치와 치욕을 당했고 상처 입고 멍들고 피로 물들었다.

십자가 못 박힘의 중요성

이사야는 예수님의 대속의 메시지를 "그가 채찍에 맞음으로 우리는 나음을 받았도다"라는 기쁜 소식으로 요약한다.

이 '채찍에 맞음'에 해당하는 원어의 의미는 전혀 유쾌

하지 않다. 그것은 온몸이 하나의 커다란 멍처럼 검푸르게 될 때까지 실제로 상처 입고 다치는 것을 뜻한다. 인류는 언제나 이러한 유의 육체적 상처를 가하는 방법을 처벌 수단으로 사용해 왔다. 사회는 늘 사람들의 잘못된 행위에 대해 처벌할 권리가 있다고 주장해 왔다. 처벌은 대체로 범죄의 성격에 따라 달라진다. 이것은 일종의 복수로서, 사회가 감히 규칙을 공공연히 어긴 사람에 대한 복수를 대행하는 것이다.

그러나 예수님의 고난은 징벌적인 것이 아니었다. 그것은 그분 자신이나 그분 자신이 저지른 어떤 일에 대한 처벌도 아니었다.

예수님의 고난은 교정적인 것이었다. 그분은 우리를 바로잡고 온전하게 만들기 위해 기꺼이 고난을 감수하셨다. 그래서 그의 고난은 고통으로 시작해서 고통으로 끝나지 않고 고통으로 시작해서 치유로 끝나는 것일지도 모른다.

형제들이여, 그것이 십자가의 영광이다! 하나님이 마음속에 매우 오랫동안 간직하셨던 희생을 통한 영광이다! 회개하는 죄인들에게 자신의 하나님이자 창조주와 평화롭고 은혜로운 교제로 들어가게 해주는 속죄의 영광이다! 그것은 그분의 고난으로 시작되어서 우리의 치유로 마무리되었다. 그분의 상처로 시작되어 우리의 정결로 마무리되었다. 그분의 멍자국으로 시작되어 우리의 정화로 마무리되었다.

회개란 무엇인가? 나는 회개가 대체로 주 예수 그리스도를 상처 입힌 그 반역에 가담한 데 대한 뉘우침임을 깨닫는다. 나아가 진정으로 회개하는 사람은 그 뉘우침을 결코 떨쳐버릴 수 없음을 깨닫는다. 왜냐하면 회개는 하나님께서 용서를 베푸시자마자 그리고 우리의 정결해짐을 깨닫자마자 종결되는 마음의 상태가 아니기 때문이다.

회개에 동반되는 고통스럽고 극심한 죄의 자각은 누그러들고 평화와 정화의 느낌이 찾아올지 모르나, 의롭다 함을 받은 후 가장 경건한 이들조차도 하나님의 어린 양을 상처 입히고 징벌하는 데 가담했던 일을 곱씹게 될 것이다. 충격이 여전히 떠나지 않을 것이다. 그리고 상처 입은 어린 양이 그 상처를 자신에게 상처 입힌 자들에 대한 용서와 정화로 바꾸어 주신 데 대한 경이로움이 사라지지 않을 것이다.

이것은 많은 복음주의 교회들에게 과거의 한 은혜로운 움직임을 상기시켜 준다. 즉 영적으로 메말랐던 시기에 존 웨슬리가 마음의 영적 정결함을 향해 기꺼이 나아가도록 가르치고 모범을 보였던 각성 운동이다.

성화는 성경에서 가져온 훌륭한 단어임에도 불구하고,

복음주의 교회들은 한동안 바닥에 쓰러져 뒹구는 성령 체험자로 취급될까 두려워서 그 단어를 입에 담는 것조차 주저했다.

성화라는 이 좋은 말뿐만 아니라 이 말이 하나님의 마음과 생각 속에서 뜻하는 바도 우리가 되찾기를 바란다. 하나님의 자녀로서 믿음을 지닌 성도들은 우리 주님이 기뻐하실 정결한 마음과 깨끗한 손을 지니려는 거룩한 열망을 가져야 할 것이다. 왜냐하면 예수 그리스도께서 수치를 당하고 학대받고 온몸이 찢긴 것은 바로 이것을 위해서였기 때문이다. 그분이 징계를 받음으로써 하나님의 사람들은 정화되어 영적인 백성이 되었다. 다 우리의 마음과 생각이 정결하게 되도록 하기 위함이었다. 이러한 혜택은 모두 그분의 고난으로 시작되었고 우리의 정결케 됨으로 마무리된다. 그분의 피흘리고 열린 상처로 시작되었고 그분의 백성들의 평화로운 마음과 평온하고 즐거운 태도로 마무리된다.

예수 그리스도를 믿는 겸손하고 헌신된 성도라면 누구나 인자가 우리 대신 기꺼이 순종하여 심판과 처벌을 받으신 이 신비에 경탄해 마지않는 자신만의 시간을 가져야 한다. 이 경이로움이 모두 사라지고 없다면 무엇인가 잘못되었으며, 그 돌투성이 마음 밭을 다시 갈아엎어야 한다!

나는 역사상 가장 경건한 사람 축에 끼는 사도 바울이 하나님의 은혜와 자비를 기억하며 경이로워하는 자신만의 시간을 부끄러워하지 않았음을 상기시켜 주고 싶다. 그는 하나님께서 그의 지나간 죄를 영원히 기억하지 않으심을 알았다. 그의 죄과에 대한 계산이 모두 끝났음을 알고 바울의 마음은 기뻐서 만사가 형통함을 거듭 확인했다. 그와 더불어 경이로움으로 가득 차 머리를 절레절레 흔들며 고백했다. "나는 그렇게 불릴 자격이 없는 자나 하나님의 은혜로 예수 그리스도 안에서 새로운 피조물이 되었습니다."

나는 의롭다 함을 받은 우리 신자들이 겸손하고 영원한 속죄 의식을 잃는다면 신앙을 잃어 가는 것임을 역설하기 위해 사도 바울의 믿음과 확신 그리고 기쁨을 강조하고 싶다.

역사상 한때 가장 위대한 하나님의 사람이었던 찰스 피니는 사람들을 그리스도께 이끌기 위해 수고하던 중에도 간혹 자신의 마음이 차가워지곤 했다고 고백했다.

피니는 그것을 변명하지 않았다. 그는 모든 활동에서 돌이켜 금식하고 기도하면서 하나님의 얼굴과 성령의 새롭게 하심을 구해야 했다고 자신의 저술에서 밝혔다. “마침내 불꽃이 튈 때까지, 하나님을 만날 때까지 나는 쟁기질을 멈추지 않았습니다”라고 썼다. 이것은 모든 시대를 사는 하나님의 자녀들에게 얼마나 유익하고 복된 방책인가!

예수 그리스도의 몸인 교회를 이루는 우리는 주님께 흡족하고 요긴한 존재들이 되기 위해서 두 가지 기본적인 사실을 마음에 새겨야 한다. 우선 우리는 주님이 입은 상처 덕분에, 그분이 채찍에 맞음으로 실현된 하나님의 평화에 힘입어 정결케 되었음을 알아야 한다. 이것이 하나님께서 우리가 내적으로 올바르게 될 수 있도록 보증해 주신 방법이다. 이러한 영적 은혜를 입은 우리는 그분이 가져다주신 정결함을 소중히 여기고 어떤 악이나 잘못된 행실도 변명하지 않을 것이다. 또한 우리는 멍 들고 상처 입은 우리 주 예수 그리스도에 대한 기쁘고도 가눌 길 없는 감사를 멈추지 말아야 한다. 오, 구원의 신비는 얼마나 놀라운가? 한 분의 멍

듦이 많은 사람들의 멍듦을, 한 분의 상처가 많은 사람들의 상처를 치유했다. 한 분의 채찍질 당함이 많은 사람들을 채찍질로부터 구했다.

우리가 입었어야 할 상처와 멍이 그분께 전가되었다. 우리는 그분 덕택에 구원을 얻었다!

수년 전 장로교의 한 교단이 그리스도께서 자신을 모든 인간의 죄를 대속할 제물로 주시기 위해 육신을 입고 오신 경이와 신비에 감탄했다.

그 겸손한 그리스도인들은 서로 말했다. "이제부터 석 달 동안 신중히 행동하고, 마음을 살피며, 하나님을 기다리고, 하나님의 얼굴을 구합시다. 그러고 나서 준비된 마음으로 성찬식 식탁으로 나아갑시다. 우리 주님의 성찬상이 일상적이고 부주의한 것이 되지 않도록 말입니다." 하나님은 지금도 그분의 거룩한 능력과 은혜와 생명을 나타내 보여줄 겸손하고 청결하며 신뢰하는 마음을 찾고 계신다. 대학의 전문 식물학자는 모세보다 사막의 아카시아나무 덤불을 더 잘 설명하겠지만, 하나님은 여전히 그분이 떨기나무 속에서 말씀하실 때까지는 결코 만족하지 않을 겸손한 영혼을 찾고 계신다.

연구 과학자들은 나서서 빵과 포도주 속의 성분과 요소

를 사도들이 알았던 것보다 더 많이 말해 주도록 고용될 수 있을 것이다. 그러나 여기에는 위험성이 있다. 우리는 하나님 임재의 빛과 온기를 잃어버린 채, 그저 빵과 포도주만 갖게 될지도 모른다. 떨기나무에 붙은 불은 사라지고 그 영광은 우리의 성찬과 교제 가운데 없을 것이다.

역사와 과학적 사실을 모두 아는 것은 그리 중요하지 않다. 하지만 우리가 살아계시는 하나님, "곧 의로우신 예수 그리스도"를 갈망하고 알고 소중히 여기는 일은 대단히 중요하다. "곧 의로우신 예수 그리스도시라 그는 우리 죄를 위한 화목 제물이니 우리만 위할 뿐 아니요 온 세상의 죄를 위하심이라"(요일 2:1-2).

음부로 내려가신 그리스도

그리스도께서 음부로 내려가셔서 옥에 있는 영들에게 말씀을 전하신 데 대해 한마디 덧붙이겠다. 이 구절들의 의미가 모호할 수도 있지만 여러 가지 이유로 그냥 지나치지 않을 것이다. 첫째, 모든 성경 구절들은 하나님의 영감을 받아 기록되었다. 만약 주님께서 우리에게 자세히 설명하거나 이해시킬 마음이 전혀 없었다면 그 말씀이 성경에 기록되도록 하지 않으셨을 것이다. 모호한 구절들을 우리가 아직 완전히 이해하지 못한다고 해도 존중하는 마음으로 다루어야 한다.

둘째, 나는 사람들이 성경에 대해 잘 알기 바란다. 어려운 부분은 건너뛰고 이해할 수 있는 부분만 관심을 쏟으면 성경을 제대로 알 수가 없다.

셋째, 가장 중요한 이유로 거짓 교사들은 어려운 성경 구절들을 집중적으로 다룬다. 이단은 언제나 불확실함이나 모호한 구절들을 등에 업고 극성을 부린다. 그러나 하나님의 완전한 빛이 닿으면 설 곳을 잃는다.

내가 여러분을 농장으로 데려간다면 이렇게 말할 것이다. "이제 여러분은 여기서 사과와 배와 포도를 볼 것입니다. 그리고 수박, 멜론, 고구마도 있습니다." 나는 15-20개의 먹을 수 있는 과일이나 채소들 또는 곡식들의 이름을 대면서 말할 것이다. "이 모두가 여러분의 것입니다. 이제 도맡아서 일하세요."

그런데 한 달 뒤에 돌아와서 내 손님들이 절반이나 굶주리고 있는 것을 보면 어떻겠는가? 그들에게 말할 것이다. "도대체 어떻게 된 건가요? 영양실조에 걸린 것 같군요."

아마 그들은 대답할 것이다. "영양실조에 걸린 건 우리가 찾은 식물이 무엇인지 알 수 없기 때문이에요. 언덕 너머 저 멀리 밭의 끄트머리쯤에 있는 오래된 참나무 그루터기 뒤에 어떤 식물이 있어요. 우리는 그 식물의 정체를 밝히는 데 한 달을 보냈어요."

이것은 바로 하나님의 많은 자녀들이 하고 있는 일이다. 클로버 더미에 무릎을 꿇은 채 굶주려 죽는다. 밭의 뒤쪽 끄트머리 근처에 그들이 식별할 수 없는 작은 식물 하나가 있기 때문이다. 이단들은 항상 여러분이 모호한 성경 구절 하나를 붙들고 씨름하다가 굶어 죽게 만든다.

여러분은 사도신경을 기억할 것이다. 과거에 교회는 가끔 인용하다가 그만두었다. 우리는 모두 사도신경을 믿고, 사도신경은 우리 주님에 대해 이렇게 말한다.

> "이는 성령으로 잉태하사
> 동정녀 마리아에게 나시고,
> 본디오 빌라도에게 고난을 받으사,
> 십자가에 못 박혀 죽으시고,
> 장사한지 사흘 만에 죽은 자 가운데서
> 다시 살아나시며."

이것이 우리 개신교에서 사도신경을 인용하는 방식이다. 그러나 옛 사도신경은 다음과 같이 되어 있었다.

> "이는 성령으로 잉태하사
> 동정녀 마리아에게 나시고,
> 본디오 빌라도에게 고난을 받으사,
> 십자가에 못 박혀 죽으시고,
> 장사되어 '음부에 내려가시며'
> 사흘 만에 죽은 자 가운데서
> 다시 살아나시며."

이 옛 사도신경은 베드로전서 3장 18-20절에 나오는 내용을 유일하게 언급하고 있다.

> "그리스도께서도 단번에 죄를 위하여 죽으사 의인으로서 불의한 자를 대신하셨으니 이는 우리를 하나님 앞으로 인도하려 하심이라 육체로는 죽임을 당하시고 영으로는 살리심을 받으셨으니 그가 또한 영으로 가서 '옥에 있는 영들'에게 선포하시니라 그들은 전에 노아의 날 방주를 준비할 동안 하나님이 오래 참고 기다리실 때에 복

종하지 아니하던 자들이라 방주에서 물로 말미암아 구원을 얻은 자가 몇 명뿐이니 겨우 여덟 명이라."

성경은 "옥에 있는 영들"에 대해 말하며, 적어도 이들 중 일부는 노아의 홍수 당시 지구에 살았던 사람들 가운데 불순종했던 자들로 여겨진다. 그들은 노아가 전했던 메시지를 들었지만 그것을 부인하거나 거부했고, 홍수가 밀려오자 자신들의 악한 행위를 따라 멸망했다. 이 구절은 우리에게 "복종하지 아니하던" 자들이 모두 죽은 자들의 거처, 신약 성경의 하데스, 구약 성경의 스올이라 불리는 곳으로 갔다고 가르친다.

십자가상에서 예수 그리스도의 영혼이 못 박힌 육신에서 자유로워졌을 때, 그분의 성령은 무덤 위를 맴돌지 않았다. 영원한 아들이신 그분의 영은 해야 할 일이 있었다. "음부로 내려가"셨을 때 그분은 형벌을 받기 위해 지옥불로 내려가시지 않고 오직 죽은 자들의 거처로 내려가셨다. 그리고 죽어서 그곳에 영혼이 갇힌 자들에게 말씀을 전하셨다.

십자가에 못 박히신 그리스도는 그들에게 심판이 임했다고 말씀하셨고, 무슨 일이 일어났는지 설명하면서 하나님의 방식이 정당함을 인간에게 보여 주었다. 그렇게 함으로써 그들이 지성적이고 도덕적인 존재로 대접받고 있음을 알 수 있도록 하셨다. 주님은 그분의 성령으로 그들에게 가셔서 말씀을 전하고 상황을 설명하여 정의가 이루어질 수 있도록 하셨다.

이와 비슷한 일들을 영국이나 미국의 법정에서 흔히 볼 수 있다. 증거를 듣고 배심원단이 나가서 심의한 후 피고에게 유죄를 선언한다. 판사가 말한다. "피고인은 일어나서 법정을 향해 서십시오." 피고인이 일어난다. 그리고 판사가 말한다. "증거를 모두 들었고, 동료 배심원단이 그 증거를 바탕으로 당신이 이 범죄에 유죄임을 결정했습니다. 선고를 받기 전에 하고 싶은 말이 있습니까?"

다시 말하면 우리는 당신에게 곧 선고를 내릴 것이며 이 모든 것을 분명히 정리하고 싶다는 뜻이다. 할 말이 있는가? 대체로 피고는 아무 말도 하지 않지만, 만약 무언가 말한다면 판사는 그것을 존중하여 고려할 것이다.

하나님은 모든 악인이 홍수에 휩쓸려서 죽은 자들의 거처로 내던져져 결코 천국의 축복을 보지 못할 것이라고 말씀하신다. 그러나 그들은 인간이며 도덕적 피조물이다. 스스로 판단력을 발휘할 수 있다. 그러므로 하나님의 영원하신 아들이 옥에 갇힌 영들 앞에 가서 마치 그들이 살아 있는 것처럼 그들에게 말씀을 전했다. 그들은 영으로는 살아 있으나 육신으로는 죄를 지었다. 그리고 그들은 육신을 입고 살았던 날들에 대한 심판을 받아야 했다.

그분은 몸값이 치러진 자들에게는 구원을, 잃어버린 자들에게는 심판을 전하셨다. 그분은 자신의 구속받은 자들을 데리고 가시고 잃어버린 자들은 최후의 심판을 위해 남겨 두셨다. 모든 존재들, 즉 땅 아래 있는 사람들과 이 땅에 있는 모든 사람들, 그리고 온 세상의 피조물은 다음과 같이 인정할 것이다. "모든 입으로 예수 그리스도를 주라 시인하여 하나님 아버지께 영광을 돌리게 하셨느니라"(빌 2:11).

설령 당장에는 복이 되지 않는다 해도 모호한 성경 구절들을 이해할 필요가 있다. 우리는 오류의 불화살들을 막아 낼 진리의 방패가 필요하다. 고개를 숙이고 경건한 마음으로 성경의 쉬운 내용뿐 아니라 어렵고 모호한 내용도 받아들여야 한다.

5

내가 '부활과 승천'을 믿사오니

우리를 의롭다 하시기 위하여 살아나셨다

그리스도의 부활을 축하하는 전통은 초대 교회 때부터 시작되었으며 오늘날까지도 멈춤 없이 이어져 왔다. 어떤 형태로든 부활절을 지키지 않는 교회는 거의 없다. 단순히 부활 찬송만 부르든, 매우 정교한 의식을 거행하든 말이다.

부활절이란 말이 어디서 비롯되었는지, 어떤 날짜를 부활절로 정해야 할지를 놓고 한때 벌어졌던 논란들은 무시하고, 수백만의 사람들에게 부활절과 관련된 모든 것은 그저 이교도의 축제 정도에 지나지 않는다는 사실을 인정해야 할 땐 인정하면서, 나는 두 가지 질문을 던지려 한다. 첫째는 "부활이란 도대체 무엇인가?"이고, 둘째는 "그것이 오늘날의 평범한 그리스도인들에게 어떤 현실적인 의미를 지니는가?"이다.

첫 질문의 답은 아주 간단할 수도, 천 페이지에 달하는 분량이 될 수도 있다. 부활절의 진정한 의미는 한 사건에서 비롯된다. 특정한 날짜에, 제대로 된 세계지도라면 어디라도 표시될 특정한 지리적 장소에서 발생한 확실한 역사적 사건이다. 그것을 처음으로 알렸던 사람은 빈 무덤 옆에 서

있던 두 남자였다. 그들은 아주 간결하게 보고했다. "그가 여기 계시지 않고 …… 살아나셨느니라"(마 28:6). 그리고 이후에 예수님이 부활하신 뒤 그분을 보았던 한 사람이 가슴 벅찬 말로 엄숙하게 단언했다.

> "그러나 이제 그리스도께서 죽은 자 가운데서 다시 살아나사 잠자는 자들의 첫 열매가 되셨도다 사망이 한 사람으로 말미암았으니 죽은 자의 부활도 한 사람으로 말미암는도다 아담 안에서 모든 사람이 죽은 것 같이 그리스도 안에서 모든 사람이 삶을 얻으리라 그러나 각각 자기 차례대로 되리니 먼저는 첫 열매인 그리스도요 다음에는 그가 강림하실 때에 그리스도에게 속한 자요"(고전 15:20-23).

이것이 부활이다. 예수라고 불리는 사람이 십자가에 못 박혀 공개적으로 죽임을 당한 후에 다시 살아났다. 로마 군인들은 그분을 십자가에 못 박고 마지막 숨을 거두는 순간까지 지켜보았다. 그러고 나서 아리마대 요셉을 필두로 용기 있는 사람들이 시신을 십자가에서 내려 무덤에 넣고 장사지냈다. 로마 당국자들은 무덤을 봉인하고, 그 앞에 파수

꾼을 세워 열성적이면서도 그릇 이끌린 제자들이 시신을 훔쳐 가지 못하도록 대비했다. 이 마지막 예방책은 제사장들과 바리새인들의 발상이었으며, 이것이 어떻게 역효과를 낳았는지는 두고두고 잘 알려져 있다. 왜냐하면 예수님의 몸은 완전히 죽은 상태였으며 기적이 아니고서는 무덤에서 결코 나올 수 없었음을 확인해 주는 절차가 되고 말았기 때문이다.

무덤과 파수꾼과 봉인에도 불구하고, 죽음 그 자체에도 아랑곳없이, 죽음의 자리에 누워 있던 사람이 삼 일 후에 살아서 걸어 나왔다. 그것은 오백 명 이상의 믿을 만한 사람들이 증언한 분명한 역사적 사실이다. 이 증인들 가운데는 일부 학자들이 역사상 최고의 지성이라고 인정하는 이도 있다. 물론 그는 사울이었지만, 이후 예수님의 제자가 되어 사도 바울로 알려진다. 교회는 이 사실을 수 세기 동안 믿고 기념해 왔으며, 오늘날도 변함없이 믿고 있다.

이 모든 일이 사실이라면, 그 사건이 일어났던 곳으로부터 공간적, 시간적으로 어마어마하게 멀리 떨어져 있는 우리에게 어떤 의미를 지닐까? 다시 봄을 맞는 기쁨, 감미로운 음악 그리고 그날 특유의 밝고 즐거운 기분 이상의 어떤 실제적인 의미가 부활절에 있는 것일까?

바울의 말을 빌리자면, "범사에 많으니"이다(롬 3:2). 우선, 그리스도의 죽음에 대한 어떤 의혹도 부활로 말미암아 영원히 사라졌다. 그분은 "성결의 영으로는 죽은 자들 가운데서 부활하사 능력으로 하나님의 아들로 선포되셨"다(롬 1:4).

또한 구약성경의 복잡하게 얽힌 예언의 그물망에서 그분의 위치는 그가 부활하심으로써 완전히 확립되었다. 예수님은 부활하신 후 낙담한 두 제자와 함께 걸으실 때 그들의 믿음 없음을 꾸짖으시며 예언의 성취를 알려 주셨다. "그리스도가 이런 고난을 받고 자기의 영광에 들어가야 할 것이 아니냐 하시고 이에 모세와 모든 선지자의 글로 시작하여 모든 성경에 쓴 바 자기에 관한 것을 자세히 설명하시니라"(눅 24:26-27).

그렇다면 예수님은 십자가만으로는 우리를 구원할 수 없으셨다는 점을 기억해야 한다. 그분의 완성된 사역에 효력을 부여하기 위해서 주님은 반드시 죽은 자들로부터 부활하셔야만 한다. 죽음을 맞은 그리스도는 자신이 구원하려고 했던 사람들만큼이나 무력할 것이다. 그분은 "우리를 의롭다 하시기 위하여 살아나셨"다(롬 4:25). 바울은 이어서 우리의 의의 소망은 죽음을 물리치고 죽음의 세력을 벗어나 부활하신 주님의 능력에 달려 있다고 선언했다.

우리에게 실질적으로 매우 중요한 것은 다시 사신 그리스도가 여전히 살아 계시다는 것을 아는 것이다. "그런즉 이스라엘 온 집은 확실히 알지니 너희가 십자가에 못 박은 이 예수를 하나님이 주와 그리스도가 되게 하셨느니라 하니라"(행 2:36)라고 오순절에 베드로는 말했다. 이는 "하늘과 땅의 모든 권세를 내게 주셨으니"(마 28:18)라는 우리 주님 자신의 말씀과도 일치했다. 또한 히브리서의 "지금 우리가 하는 말의 요점은 이러한 대제사장이 우리에게 있다는 것이라 그는 하늘에서 지극히 크신 이의 보좌 우편에 앉으셨으니"라는 말씀과도 일치했다(히 8:1).

그분은 여전히 살아 계실 뿐만 아니라 결코 다시 죽으실 수 없다. "그리스도께서 죽은 자 가운데서 살아나셨으매 다시 죽지 아니하시고 사망이 다시 그를 주장하지 못할 줄을 앎이로라"(롬 6:9).

마지막으로 그리스도의 모든 것, 그분이 우리를 위해 성취하신 모든 것은 우리가 순종하고 신뢰할 때 누릴 수 있다.

우리 대장의 승리를 통해 우리는 승리자 그 이상이 된다. 앞으로 계속 나아가면서 승리를 외치자.

얼마간 반복적으로 들릴 위험이 있지만 나는 그리스도인들이 우리가 왜 교리를 강조하는지 다시 살펴보도록 한 번 더 촉구한다.

진리의 힘을 알기 위해서는 진리를 강조해야 한다. 신조에 나타난 진리는 땅속 깊이 묻혀 채굴되기를 기다리는 석탄과도 같다. 그것을 파내어 거대한 엔진의 연소실에 퍼 넣으면 수 세기 동안 잠들어 있던 강력한 에너지가 빛과 열을 일으키고 거대한 공장의 기계를 생산적으로 작동시킬 것이다. 석탄은 결코 이론으로 바퀴를 돌리거나 난로를 데우지 않는다. 에너지가 방출되어야 힘을 발휘한다.

그리스도의 구속 사역을 주요한 세 시기로 나누어 보면 다음과 같다. 그분의 탄생, 죽음, 그리고 승천. 이것은 기독교를 떠받치는 세 중심 기둥이다. 그 기둥들 위에 인류의 모든 희망과 종말 없는 세상이 놓여 있다. 그분이 행하신 다른 모든 일은 이 세 가지 신적 행위로부터 의미를 부여받는다.

모든 진리를 다 믿어야 하지만 어디에 가장 중점을 두어야 할지는 큰 숙제이다. 정해진 시간 안에서 어떤 진리를 가장 강조해야 할까? 성경은 예수님을 바라보라고 권고하지만 우리는 어디에 계신 예수님을 바라봐야 할까? 구유에 계신 예수님? 십자가에 계신 예수님? 아니면 보좌에 계신 예수님? 이러한 질문은 학문적인 것과는 거리가 멀다. 올바른 해답을 얻는 것은 우리에게 실질적으로 매우 중요하다.

물론 우리의 모든 신조에 구유와 십자가와 보좌를 포함해야 한다. 이 세 가지로 상징되는 모든 것에 우리 믿음의 시선을 돌려야 한다.

기독교 복음을 올바로 이해하려면 이 모두가 필요하다. 우리 신조 가운데 단 하나의 교리도 버리거나 심지어 느슨하게 해서도 안 된다. 각각은 뗄래야 뗄 수 없게 서로 연결되기 때문이다. 하지만 모든 진리를 존중해야 하는 반면, 언제나 다른 진리와 동등하게 강조해야 하는 것은 아니다. 우리 주님은 충실하고 지혜로운 청지기가 주인의 가정에 "때를 따라 양식을 나누어 준"(눅 12:42) 것에 대해 말씀하셨을 때 똑같은 생각을 내비치셨다.

마리아는 맏아들을 낳아 강보로 싸서 구유에 뉘었다. 동방박사들이 와서 경배하고, 목자들은 놀라움을 금치 못했으며, 천사들은 하나님의 평화와 사람들을 향한 하나님의 선하신 뜻을 찬양했다. 이 장면들을 모두 모아 보면 얼마나 순수하게 아름답고 마음이 이끌리며 따스해지는지, 세계 어느 문학 작품에서도 유례를 찾아볼 수 없을 정도이다. 기독교인들이 어째서 구유와 온유한 눈빛의 동정녀 그리고 아기 그리스도를 그토록 강조하는지 알아채기는 그리 어렵지 않다. 특정 교파에서는 구유에 누운 아기 예수님에게 가장 강조점을 둔다. 이유는 충분히 이해할 수 있지만, 그럼에도 지나친 강조는 잘못이다. 그리스도는 사람이 되시기 위해 태어나셨고, 많은 사람에게 대속물로 자신의 생명을 주시기 위해 사람이 되셨다. 탄생이나 죽음 자체가 목적이 아니었다. 그분은 죽기 위해 태어나셨으며, 속죄하기 위해 죽으셨고, 그분 안에서 피난처를 찾는 사람들은 누구나 값없이 의롭게 하시려고 부활하셨다.

그리스도의 탄생과 죽음은 역사이다. 그분이 하나님의 속죄소[mercy seat, 은혜를 베푸는 자리]에 임재하심은 과거가 아닌 현재의 역사이다. 계속되는 사실이며, 가르침을 받은 그리스도인이 신뢰의 마음으로 즐거워할 가장 영광스러운 사실이다. 부활절 주간은 우리의 강조점을 바로잡기에 좋은 시기이다. 구유에 누인 연약함, 십자가상의 죽음, 보좌에 앉으신 능력을 기억하자. 우리 그리스도는 구유에 계시지 않다. 실제로 신약 성경의 신학은 어디서도 아기 그리스도를 구원하는 믿음의 대상으로 제시하지 않는다. 구유에서 멈추는 복음은 다른 복음이며 전혀 복음이 아니다. 여전히 구유 주위를 맴도는 교회는 감성을 성령의 능력으로 착각하여 그저 나약하고 감상에 빠질 뿐이다.

이제 베들레헴의 구유에 아기가 없듯이 예루살렘의 십자가에는 아무도 달려 있지 않다. 구유에 누인 아기나 십자가에 달린 예수님을 경배한다면 하나님의 구속 과정을 되돌리고 그분의 영원한 목적을 뒤집는 처사이다. 교회가 십자가를 지나치게 부각하면 비관주의, 침울함, 그리고 무익한 후회만 남을 뿐이다. 어느 병든 남자가 십자가를 부둥켜안고 죽었다고 해서 우리가 얻을 것이 무엇인가? 죽은 사람 둘이 침대에 누워 있으면 둘 중 누구도 다른 사람을 도울 수 없다.

기독교 신앙의 영광스러움은 우리 죄를 위해 죽은 그리스도가 우리를 의롭다 하기 위해 다시 살아나신 데 있다. 우리는 기쁨으로 그분의 탄생을 기억하고 감사함으로 그 죽음을 마음에 새기겠지만, 우리 모든 소망의 면류관은 하나님 아버지 우편에 계신 그분께 있다.

바울은 십자가에 영광을 돌리며 십자가에 못 박히신 그리스도 외에는 아무것도 전하지 않았다. 하지만 그에게 십자가는 그리스도의 구속 사역 전체를 대표했다. 바울은 그의 서신서들에서 성육신과 십자가에 대해 썼지만, 구유나 십자가에서 멈추지 않고 늘 우리의 생각을 사로잡아 부활 그리고 승천과 보좌로 이끈다.

부활하신 주님은 승천하시기 전에 "하늘과 땅의 모든 권세를 내게 주셨으니"(마 28:18)라고 말씀하셨고, 초대 교회 신자들은 그분을 믿고 그분의 승리를 전하기 위해 나아갔다. "사도들이 큰 권능으로 주 예수의 부활을 증언하니 무리가 큰 은혜를 받아"(행 4:33).

교회가 구유의 연약함과 십자가의 죽음에서 보좌에 앉으신 그리스도의 생명과 능력으로 강조점을 옮긴다면 잃어버린 영광을 되찾을 것이다. 해볼 만한 가치가 충분하지 않은가?

6

내가 '주님의 다시 오심'을 믿사오니

이 소망을 품은 자마다 자신을 깨끗하게 하라

예수 그리스도의 재림을 맞을 준비가 되었는가? 아니면 당신은 그저 그분의 재림에 호기심을 품은 사람에 불과한가?

한 가지를 경고하겠다. 많은 설교자들과 성경 교사들은 언젠가 하나님 앞에서 그리스도의 재림에 대해 난무한 추측을 조장하고 "그분의 다시 오심을 학수고대!"해야 할 필요성을 강조하지 않은 것에 책임져야 할 것이다.

성경은 호기심을 이용해 성경을 쥐락펴락 가지고 놀고, '놀라운' 예언적 지식을 내세워 오직 잘 믿고 잘 속는 청중들을 홀리는 데만 애쓰는 설교자나 교사를 결코 인정하지 않는다!

나는 신약 성경에서 도덕적 행위나 믿음, 영적 거룩함과 직결되지 않는 그리스도의 계시, 현현, 나타남, 또는 도래에 대해 말하는 구절을 단 하나도 떠올릴 수 없다.

주 예수님의 재림은 호기심 어린 추측으로 다가갈 사건이 아니다. 그렇게 한다면 죄를 짓는 것이다. 도덕적 적용에 대해선 침묵한 채 호기심을 자극하는 추측에만 몰두하는 예언 사역자는 설교하는 동안에도 죄를 짓는다.

그저 호기심에 이끌리는 사람들은 그리스도의 재림에 대해 더 생각하고 관심 갖지 못하도록 재림에 관한 어리석은 공식들을 다수 발전시켜 왔다. 그러나 베드로는 "예수 그리스도께서 나타나실 때"(벧전 1:7)를 기대하라고 말했다. 바울은 그분의 다시 오심을 사모하는 모든 사람을 위해 의의 면류관이 영광 가운데 놓여 있다고 말했다. 요한은 예수님을 뵐 자신의 소망에 대해 다음과 같이 직설적으로 말했다. "주를 향하여 이 소망을 가진 자마다 그의 깨끗하심과 같이 자기를 깨끗하게 하느니라"(요일 3:3).

베드로는 우리 믿음의 시험을 주님의 재림과 연결시켜 이렇게 썼다.

> "그러므로 너희가 이제 여러 가지 시험으로 말미암아 잠깐 근심하게 되지 않을 수 없으나 오히려 크게 기뻐하는도다 너희 믿음의 확실함은 불로 연단하여도 없어질 금보다 더 귀하여 예수 그리스도께서 나타나실 때에 칭찬과 영광과 존귀를 얻게 할 것이니라"(벧전 1:6-7).

예수님의 나타나심에 대해 생각해 보자. 이것은 기독교

신학에서 감히 지나칠 수 없는 매우 중요한 하나의 사상을 집약해 주는 말이다.

이것은 킹 제임스 성경에서 예수님을 언급할 때 자주 등장하는 단어이며, '나타나시다, 나타나셨다, 나타나실' 등 다양한 형태가 있다. 그리고 번역되기 전의 원어는 헬라어로 약 일곱 가지 형태가 있다.

그리스도의 나타나심과 계시

그러나 이 용례에서 우리는 예언적인 의미로 쓰인 '나타나실'이란 단어에만 관심이 있다. 의심의 여지 없이 베드로는 이 구절에서 이 단어를 그런 뜻으로 사용했다. 헬라어로 된 일곱 가지 형태 중에는 세 가지 특별한 단어가 있는데, 모두 다음과 같은 의미를 지닐 수 있다. 나타나다, 비추다, 보여 주다, 보이게 되다, 공개하다, 오심, 나타나심, 계시 등이다.

내가 이것을 지적하는 이유는 베드로가 그리스도인들에게 "마음의 허리를 동이고 근신하여 예수 그리스도께서 나타나실 때에(at the revelation of Jesus Christ) 너희에게 가져다주실 은혜를 온전히 바랄지어다"라고 썼기 때문이다.

여러분 중 더러는 성경 번역자들에게 한 가지 질문을 하고 싶겠지만 그들은 모두 세상을 떠난 지 오래이다. 아마 그 질문은 이럴 것이다. "왜 비슷한 형태의 원어가 어떨 때는 나타나심으로, 또 어떨 때는 예수 그리스도의 계시(한국 성경엔 '예수 그리스도께서 나타나실 때')로 번역되었을까?"

아마 번역자들이 다른 단어가 아닌 그 특정 단어로 표현해야 한다고 느꼈던 미묘한 의미의 차이가 있을 수 있다. 하지만 성경에서는 몇몇 단어가 서로 번갈아 가며 쓰인다는 것을 사실로 받아들여야 할 것이다.

이 점을 과도하게 왈가왈부할 필요는 없다. 사실 성경과 관련해 지나치게 애를 쓰다가 오히려 어려움에 빠지는 이들도 있다! 주님은 우리가 단어 하나의 다양한 형태나 의미를 놓고 한 가지 공식을 도출하거나 명료한 교리적 설명을 내놓기 위해 안간힘을 쓰기를 결코 바라지 않으신다.

성경은 세상에서 가장 이해하기 쉬운 책이다. 다시 말한다면 영의 마음에는 가장 쉬운 책 가운데 하나지만 육신의 마음에는 가장 어려운 책 가운데 하나이다! 나는 자신의 옳음을 증명하기 위해 미묘한 의미 차이에 목을 매는 사람들에게 마음을 쓰지 않을 것이다. 특히 그러한 입장이 사도

시대로부터 내려온 기독교인의 모든 믿음에 반할 경우 더욱 그렇다.

그래서 우리가 성경을 읽고 해석할 때 지나친 열심을 내기가 쉽다고 말하는 것이다. 베드로가 이 단어를 '나타나실'이란 형태로 사용했다면 그냥 느긋하게 받아들이라. 그것이 바로 그 의미이기 때문이다! 다른 형태나 단어가 다른 곳에서 사용되어 같은 내용이 다른 방식으로 언급되고 있는가? 그것은 단지 성령은 결코 틀에 박히지 않으심을 보여 줄 뿐이다. 비록 번역자들이 그랬던 순간에도 성령은 그러지 않으셨다. 설교자들이 진부한 표현을 즐겨 쓸 때조차 하나님의 성령은 그것들에 의지할 필요가 결코 없으셨다!

예수 그리스도의 계시

예수 그리스도의 나타나심은 그분의 현현을 의미할 수도 있다. 그것은 빛을 발하고, 보여 주고, 공개하는 것을 의미할 수도 있다. 또한 그분의 오심 즉, 예수 그리스도의 계시를 의미할 수도 있다!

사람들이 실제로 대답해야 할 질문은 "이 나타나심, 오심, 공개하심 또는 계시는 어디에서 일어날까?"이다.

베드로가 그리스도의 나타나심에 대해 편지를 써 보냈던 사람들은 이 땅에 살았던 그리스도인들이었다. 그래서 이 말이 영적인 의미로 해석될 여지는 없다. 무대가 하늘로 옮겨질 수는 없다.

베드로는 이 땅의 그리스도인, 시련과 고난을 맞아 해외로 뿔뿔이 흩어진 성도들에게 편지를 쓰고 있었다. 그는 그들이 고난을 견디고 고난 중에 하나님을 신뢰하여, 예수 그리스도께서 나타나실 때 그들의 믿음이 정금보다 더 귀하게 여김받을 수 있도록 격려하고 있었다.

상식적으로 생각할 때, 이런 일이 일어날 수 있는 것은 오직 이 땅에서이다. 왜냐하면 베드로는 이 땅의 사람들에게 편지를 쓰고 있었기 때문이다. 그는 천상의 세계에 있는 천사들에게 편지를 쓰지 않았다. 천사 가브리엘이 아니라 이 땅에 사는 사람들에게 말하고 있었다.

베드로는 또한 이것을 미래에 일어날 사건으로서 말했다. 즉 베드로가 이 글을 썼던 당시인 약 이천 년 전 시점에서 바라본 미래이다. 베드로는 그리스도의 나타나심을 기원후 65년 시점으로부터 미래인 언젠가로 지정했다.

따라서 베드로는 분명히 세례요한이 세례를 베풀 때 예

수님이 요단강에 나타나셨던 사건을 말하고 있지 않다. 그것은 이미 30년 전에 일어난 일이기 때문이다.

예수님은 또한 예루살렘에 나타나셔서 사람들 사이에 거하며 바리새인과 장로들, 랍비 및 평범한 사람들에게 말씀하셨다. 그러나 그것 또한 당시로부터 삼십 년 전에 일어난 일이었다. 예수님은 갑자기 성전에도 나타나셨던 적이 있다. 바로 세계 도처에서 사람들이 돈을 들고 와서 제물로 바칠 송아지나 비둘기를 사기 위해 환전하려는 딱 적합한 때였다. 예수님은 작은 채찍 하나만 사용해 성전에서 소와 환전상들을 몰아내셨다. 그분은 변화산에도 나타나셨고 부활하신 후 제자들에게도 모습을 보이셨다. 그분은 여러 차례 나타나셨다. 육신의 모습을 하고 계셨고 그분임을 알아볼 수 있을 만한 일들을 하셨다. 그분은 사람으로서 사람들 가운데서 그곳에 계셨다. 그러나 베드로는 "그리스도께서 나타나실" 것이라고 말했다. 앞서 나타나셨던 것은 모두 베드로가 편지를 쓰는 때로부터 30년 전의 과거이기 때문이다.

베드로는 말한다. "믿음의 시련과 고난, 순종, 십자가를 짊어짐으로써, 예수 그리스도가 나타나실 때 영광과 존경을 얻을 수 있도록 준비하기 바랍니다!" 즉 미래에 나타나실 예수님을 대비하라고 말한다.

주님의 재림을 기다림

자신을 속죄물로 드림으로써 죄를 없애기 위해 나타나신 사건 이후로는 어디서도 예수님이 나타나셨다는 신뢰할 만한 증언이 없다.

사실 우리는 그리스도께서 자신에게 직접 나타났다고 주장하는 사람을 한 사람도 찾지 못했다. 정신 병원에서 생을 마감한 일부 불쌍한 광신도들을 제외한다면 말이다. 새로운 이단들이 줄지어 생겨났고 “내가 그리스도다”라고 말하며 거리를 돌아다니는 사람들도 있었다. 정신과 의사들은 자신이 예수 그리스도라고 주장했던 많은 사람들의 사례를 기록으로 남겼다.

그러나 우리 주 예수 그리스도는 아직 두 번째로 나타나지 않으셨다. 만약 그랬다면 그 단어는 신약 성경에서 일반적으로 쓰인 단어의 문맥적 의미와 일치했을 것이다. 그분이 성전에 나타나셨던 때처럼, 요단강과 변화산에 나타나셨던 것처럼 나타나셔야 할 것이다. 부활하신 후 제자들에게 나타나셨던 때처럼 눈에 보이는 인간의 모습으로, 인간의 눈과 귀와 촉감으로 식별할 수 있는 차원 속에서 나타나셔야 할 것이다.

'나타나실'이라는 단어가 보편적으로 뜻하는 바를 의미하려면 예수 그리스도의 나타나심은 약 이천 년 전 처음 이 땅에 오셨던 것과 매우 똑같아야 한다.

처음 오셨을 때 그분은 사람들 사이에 거하셨다. 아기를 품에 안으셨다. 병들고 고통받는 자, 다리 저는 자들을 고치셨다. 사람들을 축복하시고, 그들과 함께 식사하시고, 그들 가운데 거하셨다. 성경은 그분이 다시 나타나실 때 똑같은 방식으로 나타날 것이라고 말씀하신다. 그분은 다시 사람이 될 것이나, 영광스러운 사람이 될 것이다. 예수님이 이 땅을 떠나셨던 때와 똑같은 분으로 식별될 수 있는 사람이 될 것이다.

우리는 또한 오랫동안 기독교 성도들이 해 온 간증들도 간과하지 말아야 한다. 그들은 영적 삶과 이해와 경험을 통해 그리스도를 알아 왔다.

청결한 마음을 가진 사람은 누구나 하나님을 '볼 수 있는' 특별한 감각이 있다. 예수님의 실재가 너무 현실적이어서 그분을 보았다고 말할 수밖에 없는 사람들이 있다. 나는 그들의 말이 무슨 뜻인지 알며 그에 대해 하나님께 감사한다. 하나님께서 그들의 영적 눈을 뜨게 해 주셨으며 그들이 하나님을 볼 수 있는 감각을 지닌 데 대해 감사드린다. “마음이 청결한 자는 복이 있나니 그들이 하나님을 볼 것임이요”(마 5:8).

나는 우리 믿음의 눈, 영혼의 이해력이 충분히 밝아지면 주님을 보는 일이 얼마든지 가능하다고 믿는다. 아마도 베일에 가려져 있거나 예수님이 재림하실 그날만큼 분명하지는 않겠지만, 우리 마음의 눈은 그분을 본다!

따라서 그리스도는 이런 맥락 속에서 사람들에게 나타나신다. 우리가 기도할 때, 그분의 임재를 느낄 때 나타나신다. 하지만 이것은 베드로가 주님의 지상 재림과 관련해서 말하려 했던 바가 아니다. 베드로가 그 사건을 말할 때 사용하는 언어는 빛남, 계시, 갑작스러운 오심, 눈에 보이는 모습 같은 것들이다! 베드로는 신문에서 시카고 한복판에 등장한 미국 대통령에 대해 보도하는 방식으로 주님의 나타나심을 말하려고 했다. 신문에서 수년간 떠나 있던 가족들에게 갑자기 나타나 큰 기쁨을 준 하사관을 보도하는 것 같은 방식으로 주님의 등장을 말하고 싶었다. 예수님은 몸소 희생제물이 되어 죄를 속하기 위해 세상에 한 번 나타나셨던 이후 그런 방법으로 다시 나타나셨던 적은 결코 없었다!

우리는 다음과 같이 요약해 볼 수 있을 것이다. 예수님은 베드로 이후 시대에 믿는 자들에게 다시 오실 것인데, 베드로에 따르면 지상에 직접 나타나실 것이다. 그 현현은 아직 이루어지지 않았으며 베드로가 한 말은 여전히 유효하다.

따라서 예수 그리스도는 처음 나타나셨을 때처럼 지상에 살아있는 사람들에게 다시 나타나시리라고 예상할 수 있다.

형제들이여, 나는 재림에 대한 성경의 가르침의 골자는 우리가 재림을 기대해도 좋다는 것이라고 믿는다. 베드로가 살던 시대에 주님은 아직 돌아오지 않으셨지만 성도들은 그분을 기다리고 있었다. 베드로는 그분이 나타나실 것이라고 분명히 말했다.

산 자와 죽은 자에 대한 심판

바울이 디모데에게 보낸 두 번째 서신에는 성경을 통틀어 가장 소중하고 은혜로운 말씀이 들어 있다.

"하나님 앞과 살아 있는 자와 죽은 자를 심판하실 그리스도 예수 앞에서 그가 나타나실 것과 그의 나라를 두고 엄히 명하노니 너는 말씀을 전파하라 때를 얻든지 못 얻든지 항상 힘쓰라 범사에 오래 참음과 가르침으로 경책하며 경계하며 권하라 때가 이르리니 사람이 바른 교훈을 받지 아니하며 귀가 가려워서 자기의 사욕을 따를 스승을 많이 두고"(딤후 4:1-3).

여기서 사도는 우리 주 예수 그리스도가 재림하실 때 산 자와 죽은 자를 심판하실 것이라고 경고한다. 이어서 재림과 심판을 한 가지 간곡한 권면과 연계시키는데, 말씀을 전파하며 때를 얻든지 못 얻든지 준비하라는 것이었다.

잠시 후 바울은 예수 그리스도가 나타나실 때 일어날 사건들에 대해 더 기술한다.

"나는 선한 싸움을 싸우고 나의 달려갈 길을 마치고 믿음을 지켰으니 이제 후로는 나를 위하여 의의 면류관이 예비되었으므로 주 곧 의로우신 재판장이 그날에 내게 주실 것이며 내게만 아니라 주의 나타나심을 사모하는 모든 자에게도니라"(딤후 4:7-8).

형제들이여, 예수 그리스도의 나타나심을 사모하는 자들은 면류관을 받을 것이라고 말씀에 분명히 나와 있다.

이것을 좀 더 특정하고 싶은 사람들이 있다. "그건 정말로 전천년설(천년왕국이 임하기 전에 그리스도의 재림이 먼저 있다는 견해-편집자주)을 믿는 사람은 누구나 의의 면류관을 받는다는 뜻이 아닌가요?"

분명히 말하지만 그렇지 않다! 그것은 예수님의 재림을 사모하는 것으로 밝혀진 사람들이 의의 면류관을 받을 것이라는 뜻이다! 전천년설 입장을 지니고 그것이 옳음을 주장한다는 이유로, 다시 오실 구주를 사모하고 기다리는 모습에서 조용한 차별성을 보여 주는 겸손하고 성별되며 하나님을 갈망하는 사람들에 포함될 수 있을지는 의문이다.

나는 우리가 그분의 재림을 둘러싼 이 모든 오해들에 빌미를 제공했던 것은 아닌지 염려스럽다. 왜 기독교 목회자들 중에 아주 소수만이 주님의 재림에 관해 설교할 필요성을 느끼는 것일까? 왜 목회자들은 주님의 재림을, 형형색색의 차트와 구체적인 실례를 내세워 전국을 누비고 다니는 설교자들과 성경의 예언에 대한 그들의 호기심 어린 해석에만 맡겨 놓고 있을까?

사도 요한이 "우리가 그와 같을 줄을 아는 것은 그의 참

모습 그대로 볼 것이기 때문이니"(요일 3:2)라고 말한 것을 믿지 말아야 하는 것일까?

우리는 이제 하나님의 자녀들이다. 하나님의 아들 예수 그리스도를 믿고 의지하기 때문이다! 우리가 어떤 모습이 될지는 아직 분명하지 않다. 하지만 그분이 나타나실 때, 자신을 밝히 드러내 보이실 때, 우리가 그분처럼 될 것을 안다. 왜냐하면 우리는 그분의 모습 그대로를 볼 것이기 때문이다.

사도 요한은 단도직입적으로 분명히 말한다. "주를 향하여 이 소망을 가진 자마다 그의 깨끗하심과 같이 자기를 깨끗하게 하느니라"(3절). 여러분! 요한은 주를 향하여 이 소망을 가진 '자마다'라고 말하고 있다! 그분을 향해 이 소망을 품은 자마다 그분이 깨끗하신 것처럼 자신을 깨끗하게 한다.

주 예수 그리스도의 다시 오심을 기다리는 사람들은, 순간순간 재림을 바라고 갈망하는 사람들은 자신을 깨끗하게 하느라 여념이 없을 것이다. 호기심을 충족시키기 위한 억측과 사색에 빠지지 않고 자신을 깨끗하게 하면서 준비할 것이다!

여기서 한 가지 실례가 도움이 될 것이다. 결혼식이 곧 열릴 예정이고 신부가 드레스를 입고 있다. 신부의 어머니는 초조하고 다른 친척과 도우미들은 신부가 제대로 옷을 입었는지 점검하려고 애쓴다.

왜 이렇게 많은 관심과 배려가 필요할까? 신부와 주변 사람들은 신부가 곧 신랑을 맞으러 나갈 것이므로 모든 것이 완벽하게 갖춰져야 함을 안다. 신부는 드레스와 면사포가 결코 흐트러지지 않도록 걸음걸이마저 매우 조심스럽다. 그녀는 준비한다. 사랑 어린 기대 속에서 신랑과 교회 제단에서 만나기를 기다리며 준비한다.

요한은 성령을 통해 그분을 향한 소망을 가진 자는 자신을 깨끗하케 하며 그분의 오심을 준비한다고 말한다. 어떻게 하는가? 주님의 깨끗하심과 맞먹을 정도로 깨끗하게!

신부는 신랑에 걸맞는 옷을 입기 원하며, 신랑도 마찬가지다! 예수 그리스도의 교회 또한 자신의 신랑에 걸맞는 옷을 입어야 하지 않겠는가? 주님이 입으신 그 정도로 말이다. 즉 그분이 깨끗하신 것처럼 깨끗해야 하지 않겠는가?

우리는 예수 그리스도의 재림이 있을 것이라고 확신한다. 그분의 시간에 일어날 것이다. 재림이 곧 일어날 수도 있으므로 그분의 재림을 위해 이 땅에서 조금이라도 해야 할 일은 아무것도 없다고 믿는 사람들이 많다.

주님의 재림은 초림과 십자가 죽음 및 부활을 제외한다

면 세계 역사상 가장 엄청난 사건이 될 것이다.

우리는 세계 역사상 두 번째로 큰 사건이 예수 그리스도의 재림이 될 것이라고 말할 수 있다. "예수를 너희가 보지 못하였으나 사랑하는도다 이제도 보지 못하나 믿고 말할 수 없는 영광스러운 즐거움으로 기뻐하니"(벧전 1:8).

세상은 알지 못하겠지만 그분께 이 소망을 품은 자들은 알 것이다. 그리스도가 깨끗하신 것처럼 자신을 깨끗하게 하였기 때문이다!

7

내가 ‘성도의 교통’을 믿사오니

깨어 있든 잠들어 있든 하나이며 영원히 하나가 될 것이다

현대를 사는 우리가 초대 교회 교부들이 무슨 의중으로 신조에 이 조항을 넣었는지 정확히 아는 게 완전 불가능하지는 않겠지만 그래도 매우 어려울 것이다. 그러나 사도행전에는 초대 교회 성도들의 교통을 묘사하는 구절들이 있다. "그 말을 받은 사람들은 세례를 받으매 이 날에 신도의 수가 삼천이나 더하더라 그들이 사도의 가르침을 받아 서로 교제하고 떡을 떼며 오로지 기도하기를 힘쓰니라"(행 2:41-42).

이것이 진정한 기독교 공동체라면 모두 본받아야 할 사도적 교제의 원조이다.

비록 남용되고는 있지만 '교제'는 여전히 아름답고 의미 있는 말이다. 올바르게 이해하면 '교통'과 같은 뜻을 지닌다. 즉 다수의 사람들이 공동의 축복을 함께 나누는 행위와 상태이다. 따라서 성도의 교통은 공유하는 축복 앞에서 동등한 위치에 있는 사람들이 어떤 영적 축복을 사랑과 친밀함 속에서 함께 나누는 것이다. 이 교제는 오순절부터 바로 지금까지, 그리고 이 시대가 끝날 때까지 하나님의 교회의 모든 성도가 참여해야 한다.

그런데 교통이 있으려면 먼저 연합이 있어야 한다. 공유자들은 어떤 의미에서 조직, 국적, 인종, 교파를 초월하여 완전히 하나가 된다. 하나됨은 거룩한 일이며, 성령으로 거듭남으로써 이루어진다. 누구든지 하나님으로부터 난 사람은 하나님으로부터 난 다른 모든 사람들과 하나가 된다. 정금은 어떤 형태로 발견되든 언제 어디서나 정금이듯, 금에서 떨어져 나온 모든 금조각은 참된 가족원이며 동일한 요소로 구성되어 있듯, 거듭난 모든 영혼은 보편적인 기독교 공동체와 성도들의 교제에 소속된다.

구속받은 모든 영혼은 다른 모든 구속받은 영혼과 똑같은 영적 생명으로부터 태어나며, 정확히 똑같은 방식으로 하나님의 본성을 취한다. 그러므로 각 사람은 그리스도인 공동체의 일원이 되고 그 공동체가 누리는 온갖 것을 함께 누린다. 이것이 진정한 성도의 교통이다. 그러나 이것을 아는 것만으로는 충분하지 않다. 우리가 그 영향력 안으로 들어가려면 이 진리 안에서 자신을 단련해야 한다. 우리는 그리스도 몸의 지체이며 구속받은 모든 성도들의 형제들임을 알고 기도하며 생각하는 연습을 해야 한다. 이 구속받은 성도들은 그분을 그리스도로 믿고 주님으로 인정했던, 살아 있거나 죽은 모든 이들이다.

성도들의 교통은 교제이며 하나님의 거룩한 부르심을 받은 사람들이 하나님께 받은 것들을 나누는 것이다. 그럼 성도의 교제를 살펴보자.

성도의 교제는 무엇일까

첫째이자 가장 중요한 것은 생명이다. 17세기 스코틀랜드의 신학자인 헨리 스카우걸(Henry Scougal)의 말을 빌리자면, 그것은 "사람의 영혼 안에 있는 하나님의 생명"이다. 생명은 주어지고 공유되는 다른 모든 것의 기초이다. 그리고 그 생명은 다름 아닌 하나님 자신이다. 분명한 것은 먼저 생명을 나누어 주지 않으면 기독교인들의 진정한 나눔은 있을 수 없다. 교회는 조직과 이름으로 세워지지 않는다. 백 명의 종교인들이 탄탄한 조직에 의해 하나로 묶인다고 해서 교회가 되지 않음은 열한 구의 시체들이 모인다고 해서 축구팀을 결성하지 못하는 것과 똑같다. 첫 번째 필수 조건은 언제나 생명이다.

진리의 교제

사도적 교제는 또한 진리의 교제이다. 그 교제는 언제나 배타성과 동시에 포용성을 지녀야 한다. 진리는 모든 사람들, 즉 성경을 진리의 원천으로, 하나님의 아들을 구주로 인정하고 받아들이는 모든 사람을 자신의 은혜로운 울타리 안으로 이끈다. 그러나 감히 이러한 사실들을 조금이라도 타협하거나 다음과 같은 상투적 문구들을 감상적으로 들먹이는 일은 없어야 한다. "우리는 모두 같은 곳을 향하고 있어요. 각자 자신의 방식으로 하나님 아버지를 기쁘시게 하고 천국을 자신의 집으로 만들기 위해 노력하고 있어요." 진리가 사람을 자유롭게 할 것이다. 묶기도 하고 풀기도 하며, 열기도 하고 닫기도 할 것이다. 사람들에는 아랑곳없이 그 높은 뜻에 따라 포함하기도 하고 배제하기도 할 것이다. 진리의 말씀을 거부하거나 부정한다면 사도적 교통에서 우리 스스로를 배제시키는 것이다.

누군가는 이렇게 물을지도 모른다. "당신이 말하는 진리는 어느 교파에 속하나요? 제 운명은 침례교나 장로교나 성공회의 진리 중 어디에 달려 있을까요? 셋 모두에 달려 있을까요 아니면 어디에도 달려 있지 않을까요? 성도의 교통을 알려면 칼빈주의나 아르미니우스주의를 반드시 믿어야 할까요? 회중교회나 성공회 형태의 교회를 믿어야 할까요? 전천년설이나 후천년설에 비추어 예언을 해석해야 하나요? 침례를 믿어야 하나요? 성수를 뿌리거나 붓는 세례를 믿어야 하나요? 이 모두에 대한 대답은 간단하다. 혼란은 외견상의 문제일 뿐 실제는 아니다.

초대 기독교인들은 박해의 불길 속에서 이곳저곳 쫓겨 다녔고, 때로는 믿음에 대한 세심한 가르침을 받을 기회마저 박탈당했으므로 그들의 영원한 안녕을 보장해 줄 필수 교리를 요약해 놓은 '원칙'을 원했다. 이런 절체절명의 필요에서 신조들이 생겨났다. 그중 사도신경은 가장 잘 알려져 있고 가장 사랑받는 신조이다. 수 세기에 걸쳐 신자들이 경건하게 가장 많이 반복해서 암송하고 있다. 그리고 수백만 명의 선한 사람들에게 이 신조는 진리의 필수 사항을 담아 주고 있다. 물론 모든 진리는 아니지만 진리의 모든 핵심을 담고 있다. 그것은 힘든 시기에 하나님의 어린 양을 따르는 무리 가운데서 입에서 입으로 전달되며 사람들을 즉시 하나로 묶어 주는 일종의 비밀 암호 같은 역할을 했다. 사도적 교제 중에 성도들이 공유한 진리는 편의를 위해 사도신경에 요약된 것과 동일한 진리라고 해도 과언이 아니다.

기독교의 진리가 많은 세력으로부터 심각한 공격을 받는 오늘날, 우리가 무엇을 믿고 있는지 알고 그것을 주의해서 지키는 것은 가장 중요하다. 그러나 전통적 신앙에 따라 성경을 해석하고 주해하려고 노력할 때, 우리는 구원을 사모하는 영혼이 비록 기독교 신학의 보다 심오한 가르침을 거의 알지 못한다 해도 그리스도의 피를 통해 구원받을 수 있음을 기억해야 한다.

그러므로 목자의 음성을 듣고 따르려고 애쓰는 모든 양들을 우리의 교제 속으로 들어오도록 인정해야 한다. 아직 기독교 진리를 많이 배울 시간이 없었던 초신자들과 불행히도 하나님 말씀이 강단에서 소홀히 여겨지는 교회에서 양육받은 불운한 신자들도 마찬가지다. 그들의 믿음은 진리의 오직 적은 부분만 이해하고 그들의 '나눔'은 그들이 이해한 그 적은 부분에 제한되어 있다.

그러나 중요한 것은 그들이 누리는 아주 적은 진리조차도 참된 진리라는 점이다. 그 참된 진리는 "그리스도 예수께서 죄인을 구원하시려고 세상에 임하셨다"(딤전 1:15)는 사실을 넘어설 수 없다. 그들이 가진 만큼의 진리의 빛 가운데서 행한다면, 축복받은 자들의 무리로 초대받고 사도적 교제의 참된 구성원이 되는 데 더 이상의 것이 필요하지 않다.

존재의 교제

진정한 성도의 교통은 하나님의 임재를 공유함으로써 이루어진다. 이것은 신약 성경에서 매우 강조하여 가르치는 사실이다. 하나님은 우리에게 자신을 아들의 인격으로 내주셨다. "두세 사람이 내 이름으로 모인 곳에는 나도 그들 중에 있느니라"(마 18:20). 하나님은 우주에 내재하심으로써 하늘에서나 땅에서나 하나님의 성도들이 하나님의 '실존'을 동시에 누릴 수 있도록 하신다. 성도들이 어디에 있든 하나님은 그들에게 충만하게 임재하신다.

나는 성경이 지상에 있는 성도들과 하늘에 있는 성도들이 의사소통할 수 있음을 가르친다고 믿지 않는다. 그러나 의사소통은 있을 수 없는 반면, 교통은 분명히 있을 수 있다. 죽음은 신자 개개인을 그리스도의 몸 안에 있는 자신들의 자리에서 떼어 내지 않는다. 우리 인간의 몸속에서 각 지체가 전체 유기체에 단번에 생명과 통일성을 부여하는 동일한 피로 영양공급을 받는 것처럼, 그리스도의 몸에서도 모든 지체에 흐르는 활력의 성령이 전체적으로 생명과 통일성을 부여한다. 우리의 시야에서 사라진 우리의 그리스도인 형제들이 우주적 교제 가운데서 여전히 그들의 자리를 유지

한다. 교회는 깨어 있든 잠들어 있든, 생명의 통일성을 따라 하나이며 영원히 하나가 될 것이다.

서로 속함

성도들의 교통에 관한 교리에서 가장 중요한 점은 그것이 기독교인의 삶에 미치는 실제적인 영향이다. 우리는 위에 있는 성도들에 대해서는 아는 바가 거의 없지만 지상에 있는 성도들에 대해서는 많은 것을 알거나 알 수 있다. 우리 개신교인들은 지상에 남아 있는 성도들의 기도나 수고가 먼저 천국에 간 성도들에게 어떤 식으로든 영향을 미칠 수 있다고 믿지 않는다. 성경이 이를 가르치지 않기 때문이다. 우리가 특별히 관심을 기울여야 할 대상은 하나님을 뵙는 영광을 이미 누린 자들이 아니라, 하나님의 도성을 향해 아직도 나아가고 있는 힘들고 고단한 순례자들이다. 우리는 모두 서로에게 속해 있다. 그래서 서로의 영적 안녕에 애정 어린 관심을 기울여야 한다.

우리는 영혼의 확장을 위해 기도해야 한다. 인종, 피부색, 소속된 교회와 관계없이 모든 하나님의 백성을 마음속에 품어야 한다. 그러고 나서 자신을 축복받은 하나님 가족의 일원으로 여기고, 아버지에게서 난 사람이면 누구나 사랑하고 감사히 여기도록 기도로 힘써야 한다. 또한 나는 되도록 우리 이전 시대를 살다가 이제는 하늘에서 구속받은 자들의 무리에 속한 선하고 거룩한 영혼들에 대해 잘 알려고 노력하기를 권한다. 우리의 공감 능력을 같은 시대의 사람들에게만 제한한다면 얼마나 안타까운 일인가? 하나님은 섭리 안에서 우리로 하여금 다른 시대를 살았던 거룩하고 다양한 은사를 지녔던 무수한 성도들이 마음에 지녔던 부요한 보화들을 누리게 해주셨다. 독서를 우리가 좋아하는 몇몇 작가들의 최근 작품에 국한한다면 우리의 지평을 제한하고 영혼을 위험하게 옥죄는 것이다

나는 수 세기에 걸친 위대한 영적 고전들을 기도하는 마음으로 읽는다면 현대 복음주의의 특징처럼 보이는 우리 영혼의 협소함이 영구히 해결되리라고 믿어 의심치 않는다.

과거의 우물이 많은 사람에게 다시 열리기를 기다리고 있다. 예를 들어 어거스틴은 하나님의 압도적인 위엄을 느끼게 해줌으로써, 현대 기독교인들의 영적 경박함을 치료할 것이다. 클루니의 버나드(Bernard of Cluny)는 〈황금의 도성 예루살렘〉과 영원한 안식일의 평화를 노래하며 우리로

하여금 이 세상의 보잘것없는 쾌락을 물리치게 해 줄 것이다. 리차드 롤(Richard Rolle)은 '부요한 재물, 여인의 아첨, 청춘의 아름다움'으로부터 도망쳐 마음에 '온기와 향기와 노래'가 될 친밀함으로 하나님을 알아 가는 법을 보여 줄 것이다. 테르스테겐은(Tersteegen)은 우리의 마음이 '그분 앞에서 잠잠'해지고 '마음으로 숭배하며 엎드'릴 때까지 '하나님의 감추인 사랑'과 경외감을 불러일으키는 임재에 대해 속삭일 것이다. 성 프란시스(St. Francis)는 우리의 눈앞에서 태양과 달, 나무와 비, 새와 짐승을 향해 팔을 활짝 내밀고 영적 헌신이 가져다주는 그지없는 황홀감 속에서 그 모두에 대해 하나님께 감사드리게 해줄 것이다

하지만 누가 과연 성도들의 명단을 완성할 수 있을까? 우리는 그들에게 너무나 큰 감사의 빚을 지고 있다. 선지자와 사도, 순교자와 개혁자, 학자와 번역자, 찬송 가수와 그 찬송의 작곡가, 교사와 복음 전도자들은 말할 것도 없고, 교부들의 믿음의 불꽃이 오직 희미하게만 타오르던 때조차 순수한 신앙의 불꽃을 지켰던 순수하고 이름 없는 무수한 영혼에게도 그렇다.

그들 모두가 우리에게 속해 있으며 우리도 그들에게 속해 있다. 그들과 우리는 모두 시대와 지역을 막론하고 구속

받은 사람들이다. 그리스도의 우주적 교제에 속해 있으며, 함께 "왕 같은 제사장들이요 거룩한 나라요 그의 소유가 된 백성"(벧전 2:9)을 이루며, 함께 축복받은 성도들의 교통을 누린다.

8

내가 '용서받음'을 믿사오니

행위가 아닌 오직 은혜로 용서받음을 기억하라

바울은 예수 그리스도가 "우리를 대신하여 자신을 주심은 모든 불법에서 우리를 속량하시고 우리를 깨끗하게 하사 선한 일을 열심히 하는 자기 백성이 되게 하려 하심"(딛 2:14)이라고 말함으로써 그분을 구세주로 인정하고 있다.

우리는 사람들이 어떤 물건에 기꺼이 지불하는 값을 통해 그 물건의 가치를 금방 알 수 있다. 옥수수알을 찾기 위해 헛간 마당을 쪼아 대고 다니던 수탉 이야기를 혹시 들어본 적이 있는가? 갑자기 수탉은 몇 년 전 잃어버린 아름답고 값비싼 진주를 발견했다. 하지만 그것을 옆으로 밀쳐 내고는 계속 옥수수알을 찾으러 다녔다. 수탉에게 진주는 아무런 가치가 없었다. 비록 가격을 책정한 사람들에게는 큰 가치가 있었겠지만 말이다.

세상의 다양한 시장에서는 무관심한 사람에게 아무 가치도 없는 무엇인가가 그것을 갈망하고 구매하는 사람에게 큰 가치를 지닌다. 이런 의미에서 그리스도가 우리를 위해 기꺼이 내놓고자 한 것을 보면 우리가 그분께 얼마나 소중하고 귀한 존재인지를 알 수 있다.

나는 많은 기독교인이 자신을 지나치게 낮추려는 유혹을 받는다고 생각한다. 진정한 겸손을 반대하지는 않는다. 여러분 자신에 대해서라면 얼마든지 원하는 만큼 낮추어도 좋다. 그러나 우리 주 예수 그리스도가 당신을 매우 높게, 당신을 위해 죽음과 희생으로 자신을 바칠 만큼 높게 생각하셨던 것을 항상 기억하라.

마귀가 당신은 아무짝에도 쓸모없다고 속삭인다면 그와 논쟁하지 말라. 차라리 인정하는 편이 좋을 것이다. 그러나 마귀에게 상기시켜 주라. "네가 뭐라고 하든 난 주님이 날 어떻게 여기시는지 말해야겠어. 주님은 내가 너무 소중한 나머지 십자가에서 날 위해 자신을 내주셨어!"

가치는 지불한 대가에 의해 정해지며, 우리 그리스도인의 경우 지불된 대가는 우리 주님 자신이었다! 구세주가 그렇게 하신 궁극적 목적은 우리를 모든 죄악에서 즉, 죄악의 권세와 결과로부터 구속하는 것이었다.

용서와 이중 치료

우리는 종종 어거스터스 토플레디(Augustus M. Toplady)

의 〈만세 반석〉이라는 찬송을 부른다. 거기서 우리 주 예수의 죽음은 죄를 '이중 치유'(double cure)하는 것으로 묘사된다. 나는 많은 사람들이 이중 치유의 의미를 깨닫지 못한 채 이 찬송가를 부르고 있다고 생각한다.

"죄를 이중 치유하시며
진노로부터 구원하시고 나를 깨끗하게 하소서."

하나님은 인간의 죄와 그 죄가 삶에 미치는 영향력 모두에 진노하시는데, 우리는 둘로부터 모두 치유되어야 한다. 그러므로 주님은 우리를 위해 자신을 내주셨을 때 '이중 치유'로 우리를 구속하셨다. 우리를 죄의 결과로부터 구원해 주셨을 뿐 아니라, 죄가 인간의 삶에 행사하는 영향력에서도 구원하셨다.

이제 바울은 이 위대한 영적 진리를 통해 구원하는 그리스도는 하나님의 백성들을 깨끗게 하는 정화 사역을 하심을 상기시킨다. 오늘날 세상과 사회에 갑자기 불거진 한 가지 심각한 병폐는 불순함임을 부인하지 못할 것이다. 이는 수십 가지 증상으로 나타난다. 우리는 음란하고 속된 특정 육체적 행동들을 인간의 삶과 사회에 해악을 끼치는 불순함으로 간주하는 경향이 있다. 그러나 진짜 욕망과 계략, 계획과 음모는 바로 죄 많은 인간들의 깊은 내면에 자리한 훨씬 더 깊은 불순함의 원천에서 나온다. 만약 우리의 손과 마음이 깨끗하다면 하나님을 기쁘시게 하는 일에 열중할 것이다. 불순함은 그저 잘못된 행동이 아니다. 그것은 마음과 정신과 영혼의 상태이며 바로 순결함과 온전함의 정반대 개념이다.

성적인 비행은 불순함이라는 질병의 증상이며, 증오도 마찬가지이다. 교만과 이기주의, 분노, 그리고 무례함은 죄 많고 불순한 정신과 마음으로부터 표출된다. 폭음 폭식, 나태, 방종도 마찬가지이다. 이 외의 무수히 많은 것들도 이기심과 죄악의 깊은 내면적 질병이 외적 증상으로 표출된 것이다.

이것은 생활과 경험 속에 나타나는 사실이기 때문에, 그리스도는 이 뿌리 깊은 질병을 없애기 위해 몸소 자신의 피로 백성을 정결케 하는 영적 사역을 이루셨다. 그래서 주님을 위대한 의사라고 부르는 것이다. 주님은 먼저 죄의 결과에서 우리를 구속하시고 또 우리의 죄가 있는 곳에서 우리를 정결하게 하심으로써, 이 불순함과 죄악이라는 전염병에서 우리를 치유할 수 있다.

형제들이여, 만약 이 주님의 사역이 인간의 삶과 경험 가운데서 참되거나 실현 가능하지 않다면 기독교는 값싼 사기극에 불과할 것이다. 이것이 참되고 신뢰할 만한 영적 선택이 아니라면 우리는 성경을 덮고 죽음 앞에서 아무 효력도 없는 다른 고전 작품들과 함께 구석으로 치워야 한다.

하나님께 감사드리자. 수백만 명이 나와 함께 하나님 앞에 서서 위대한 합창으로 외치고 있기 때문이다. "그렇습니다! 그분은 모든 죄악에서 우리를 구속하기 위해 자신을 내주셨으며 또한 날마다 우리 삶 가운데서 정결케 하는 이 사역을 이루고 계십니다!"

후회 없는 용서

인간의 마음은 본질적으로 이단적이다. 대중적인 종교적 신념들은 하나님 말씀에 비춰 신중하게 살펴야 한다. 대부분 그릇되기 십상이기 때문이다.

예를 들어, 인간의 마음은 자연적으로 율법주의에 이끌리기 쉽다. 진정한 신약 성경적 의미에서 살펴본다면 은혜는 인간의 이성과는 맞지 않다. 이성에 반(反)하기 때문이 아니라 이성을 넘어서기 때문이다. 그래서 은혜의 교리는 계시되어야 했다. 인간이 발견할 수 없었을 것이기 때문이다.

율법주의의 본질은 자기 속죄이다. 구도자는 어떤 보상의 행위나 자기 처벌 또는 뉘우침의 감정을 통해 하나님께 받아들여지기 위해 힘쓴다. 하나님을 기쁘시게 하려는 열망은 칭찬할 만하나, 분명히 말하지만 자기 노력을 통해 하나님을 기쁘시게 하려는 것은 칭찬할 수 없다. 일단 저질러진 죄가 무효화된 것처럼 가정하고 있기 때문이며, 그 가정은 완전히 틀렸다.

우리는 금식하거나, 머리를 짧게 자르거나, 기도를 많이 함으로써 영혼의 죄를 속죄할 수 없음을 이미 오래전에 배웠다. 하지만 여전히 유해한 이단의 영향으로 영원히 뉘우치는 고행을 통해서 하나님을 기쁘시게 하고 영혼을 정화할 수 있다고 느끼곤 한다.

이것은 개신교에서 인정하지 않는 참회이다. 이런 사람은 믿음으로 의로워진다는 이신칭의 교리를 믿는다고 주장하지만, 여전히 '경건한 슬픔'이라 불리는 것이 자신을 하나님께 사랑받도록 해줄 것이라는 느낌을 은밀하게 품고 있다. 그러지 말아야 함을 알지만 잘못된 종교적 감정의 덫에 걸려 배신당하고 있다.

참으로 회개를 불러일으키는 경건한 슬픔이 있지만(고후 7:10), 우리 가운데서 이 감정은 자주 진정한 회개를 불러일으킬 만큼 충분히 강렬하지 않다는 사실을 인정해야 한다. 그러나 이 슬픔이 없어지지 않고 계속 남아 만성적인 뉘우침이 되는 것은 바람직하지 않다. 후회는 아직 완성되지 않은, 일종의 충족되지 못한 회개이다. 영혼이 한 번 모든 죄에서 돌이켜 온전히 하나님께 헌신하면 더 이상 후회하는 것은 정당성이 없다. 하나님의 용서하시는 사랑으로 도덕적 결백을 되찾으면 죄책감을 기억할 수는 있겠지만, 찌르는 듯한 괴로움은 사라진다. 용서받은 사람은 자신이 죄를 지었음을 알고 있지만 더 이상 죄책감을 느끼지 않는다.

행위로 용서받으려는 노력은 결코 완료될 수 없다. 저지른 잘못을 무효화시키려면 얼마나 많은 노력이 필요한지 아무도 알 수 없기 때문이다. 그래서 행위로 용서받으려는 자는 매년 자신의 도덕적 빚을 여기서 조금 저기서 조금씩 갚기 위해 노력해야 하고, 그러다가 갚은 것보다 훨씬 더 많은 빚이 청구서에 추가된다. 거래 장부를 작성하는 작업은 결코 끝날 수 없다. 그래서 결국 마지막 항목을 입력할 때 사정이 나아져 빚이 완전히 상환되기를 바랄 뿐이다. 매우 대중적인 믿음일지라도 자기 노력에 의한 용서를 추구한다면 당연한 이단이며, 그에 의지한 사람들은 결국 배신당할 것이다.

후회하지 않는다는 것은 죄에 대한 관점이 미약하고 부적절하다는 뜻이라고 주장할 수도 있겠지만, 사실은 정반대다. 죄는 너무나 끔찍하고 영혼을 완전히 파괴하기 때문에 인간의 어떤 생각이나 행동으로도 그 치명적인 영향을 감소시킬 수 없다. 오직 하나님만이 성공적으로 죄를 처리할 수 있고 오직 그리스도의 피만이 영혼의 숨구멍에서 죄를 깨끗이 씻어 낼 수 있다. 이 무시무시한 원수로부터 구원받은 마음은 후회가 아니라 놀라운 안도감과 멈출 수 없는 감사를 느낄 뿐이다.

돌아온 탕자는 한탄하기보다 기뻐함으로써 아버지의 명예를 드높였다. 그 이야기 속 청년이 아버지에 대한 믿음이 더 적었다면 축제에 참여하는 대신 구석에서 애통해했을 것이다. 아버지의 자비로운 사랑에 대한 확신이 있었기 때문에 그는 파란만장했던 자신의 과거를 잊을 용기를 얻었다.

긴장하면 신경이 곤두서고 불안하면 마음이 흐트러지듯, 후회할 때는 영혼이 초조해진다. 나는 많은 기독교인이

겪는 만성적 불행감이 혹 하나님이 자신을 완전히 용서하지 않으시면 어쩌나 하는 초조한 불안감 또는 하나님이 용서의 대가로 자신의 한계를 넘어서는 참회를 바라실지도 모른다는 두려움 때문이 아닐까 생각한다. 하나님의 선하심에 대한 확신이 커질수록, 우리의 불안은 줄어들고 우리의 도덕적 행복은 반비례하여 증가한다.

후회는 자기애의 한 형태에 지나지 않을 수도 있다. 어떤 사람은 자신에 대한 존경심이 너무 높은 나머지 자신의 이미지에 부응하지 못하는 어떤 실패에도 크게 실망한다. 그는 자신의 잘못으로 이상적인 모습의 자신을 배신했다고 느끼며, 하나님이 기꺼이 그를 용서하실 때조차 자신을 용서하지 않을 것이다. 그런 사람에게 죄는 쉽게 잊히지 않는 체면 상실이라는 고통스러운 상실감을 불러일으킨다. 그는 자신에 대해 영구적으로 화를 내고 자주 하나님께 나아가 성마른 자기 비난으로 자신을 벌하려고 한다. 이런 마음의 상태는 깊은 참회의 증거처럼 보이지만 사실은 깊은 자기애의 증거인 만성적 후회의 증상이다.

죄투성이의 과거에 대한 후회는 우리가 그리스도 안에 있으므로 과거의 죄는 모두 사라졌음을 진정으로 믿을 때까지 없어지지 않을 것이다. 그리스도 안에 있는 사람은 오직 그리스도의 과거만 있으며, 그것은 하나님 보시기에 완전하고 만족스럽다. 우리는 그리스도 안에서 죽었고, 그리스도 안에서 부활했으며, 그리스도 안에서 하나님의 은혜를 입은 자들의 모임 가운데 앉아 있다. 더 이상 자기중심적이지 않고 하나님 중심적이므로 자신에게 더 이상 화를 내지 않는다. 그래서 후회가 들어설 자리가 없다.

용서와 우리 장래의 희망

그리스도인들은 자녀를 향한 하나님의 영원한 섭리 뒤에 숨겨진 하나님의 이치와 철학을 알아야 한다. 나는 하나님의 진리에 대해 그저 앵무새에 불과한 듯한 태도를 보이는 일부 기독교인이 불만스럽다.

어떤 이들은 진정한 생각이나 이해 없이 "예, 믿습니다. 성경이 말씀하니 나는 믿습니다"라고 모든 교리를 그냥 받아들이는 것을 영적이라고 여긴다.

우리는 성숙하고 성장하는 그리스도인이 되어야 하며, 자신의 신앙을 제대로 이해한 다음에 여러 질문에 대답할 수 있어야 한다. 앵무새를 넘어서야 한다.

펫 숍의 앵무새에게 조그만 음식 조각을 주면, 요한복음 3장 16절이나 사도신경의 일부를 읊도록 가르칠 수 있다. 진리가 왜 그러한지 알거나 이해하지 못한 채 누군가 진리를 떠먹여 주기만 바란다면 우리는 그저 "믿습니다! 믿습니다!"라고 따라 말하는 기독교의 앵무새들이 되고 말 것이다.

나는 그리스도인들이 더 많은 시간을 할애해서 우리 신앙의 의미를 생각해야 한다고 믿는다. 그리고 전능하신 하나님께 도움을 구하면 왜 그분이 우리를 그렇게 대우하시는지 그리고 왜 하나님의 자녀에게는 희망찬 미래가 약속돼 있는지를 알게 되리라고 믿는다.

하나님은 우리를 구속하고 다시 온전하게 만들기 위해 아들을 보내셨다. 어떤 사람들은 예수님이 우리를 되찾거나 회복하심으로써 아담의 원래 형상을 되찾아 주기 위해서만 오셨다고 생각하는 듯하다. 상기시켜 주자면 예수 그리스도께서는 그의 죽음과 부활 가운데서 타락의 피해를 되돌리는 일보다 이루 말할 수 없이 더 큰일을 하셨다. 그분은 우리를 단지 첫 아담의 형상으로만이 아니라 예수 그리스도의 형상으로까지 끌어올리기 위해 오셨다. 첫 사람 아담은 살아있는 영, 두 번째 사람 아담은 살게 하는 영이었다. 첫 사람 아담은 흙으로 빚어졌지만 두 번째 사람 아담은 하늘에서 오신 주님이시다!

그러므로 그리스도 안에서 얻은 구속은 돈을 돈으로 갚거나 사람을 올바르게 만들어 아담이 받았던 은혜로 회복시키는 것이 아니다. 그리스도 예수를 통한 구속 사역의 목적은 그리스도처럼 인간을 아담의 수준 이상으로 격상시키는 것이다. 아담이 아닌 그리스도를 바라보아야 한다. 그렇게 함으로써 하나님의 성령에 의해 그리스도의 형상으로 변화되어 갈 것이다.

먼지와 흙으로 창조된 피조물에게 지구는 충분히 좋은 환경이었을 수도 있다. 하지만 왕의 피로 구속받은 살아 있는 영혼에는 충분할 만큼 좋지 않다! 지구는 하나님의 손으로 지음받은 피조물의 영원한 거처가 되기엔 적절하지만, 성령으로 구속받은 자에게는 적합하지도 충분하지도 않다. 거듭난 모든 그리스도인들은 타락한 아담의 인류 수준에서 타락 없이 승리하신 그리스도의 수준으로 격상되었다. 이제 그들은 저 높은 곳에 속해 있다.

그러나 한편으로 죄는 몸과 영혼을 분리한다. 그래서 예수 그리스도가 부활하셔서 이 땅을 떠나시려고 할 때 제자들에게 이렇게 말씀하셨다. "내 아버지 집에 거할 곳이 많도다 그렇지 않으면 너희에게 일렀으리라 내가 너희를 위하여 거처를 예비하러 가노니 가서 너희를 위하여 거처를 예비하면 내가 다시 와서 너희를 내게로 영접하여 나 있는 곳에 너희도 있게 하리라"(요 14:2-3).

예수 그리스도께서 자신이 아버지의 품을 결코 떠난 적이 없다고 주장하신 것은 놀라운 일이다. 그분은 아버지의 품에 있는 인자가 그렇게 선언했다고 말씀하셨다. 예수님은 이 땅에 계셨을 때, 사람들 가운데서 사람으로 거하셨을 때, 영존하시는 하나님의 신비와 하나님의 나눌 수 없는 실체로 인해 하나님의 품에 머물러 계실 수 있었고 또 그렇게 하셨다.

그래서 여러분과 내가 격상되고 승격되는 것이다. 사람을 만들고 숨을 불어넣어 생령이 되게 하신 분은 전능하신 주 하나님임을 잊지 말자. 그리고 하나님께서 구속하심을 통해 인간을 무한히 격상시키셨고, 우리는 주님께 "너희를 위하여 처소를 예비하러 가노니"라는 약속을 듣는다. 우리가 떠날 때, 그분에게 받았던 우리 몸은 분해되어 누에고치처럼 떨어져 나갈 것이다. 사람의 영혼이 하나님 앞으로 솟구쳐 올라갈 것이기 때문이다. 몸은 마지막 나팔소리가 울려 퍼질 부활의 큰 날을 기다려야 한다. 바울은 "나팔 소리가 나매 죽은 자들이 썩지 아니할 것으로 다시 살아나고 우리도 변화되리라"(고전 15:52)라고 말하기 때문이다.

하나님의 약속이 너무나 분명하고 아름답기 때문에 그리스도인이 죽음을 그토록 두려워하는 것은 부적절하다. 그리스도인들이 죽음에 대해 신경과민 증상을 보인다면 영적으로 마땅히 있어야 할 자리에 있지 않다는 뜻이다. 만약 우리가 실제로 천국의 경이로움을 눈앞에서 보고 주님의 눈부신 임재를 갈망해 마지않을 만큼 영적으로 헌신돼 있다면, 우리의 육체적 틀에 문제가 생긴다고 해서 두려움으로 어쩔 줄 몰라 쩔쩔매지는 않을 것이다.

진실하고 헌신된 그리스도인이라면 결코 죽음을 두려워해서는 안 된다. 예수님은 거듭날 모든 사람, 영원한 언약의 보혈을 통해 이 세상의 고통과 압박에서 들어올려져 찬란하고 영광스러운 위의 세상으로 인도될 모든 사람을 위해 알맞은 처소를 예비하시리라고 약속하셨기 때문에 우리는 두려워할 필요가 없다.

예수님이 "내 아버지 집에는 거할 곳이 많다"고 말씀하신 것을 주목하라. 그것이 그분의 아버지 집이라면 또한 우리 아버지의 집이기도 하다. 주 예수님은 우리의 형제이기 때문이다. 예수님은 "내가 내 아버지 곧 너희 아버지, 내 하나님 곧 너희 하나님께로 올라간다"(요 20:17)고 말씀하셨다. 아버지의 집이 예수님의 집이라면, 그것은 또한 아버지의 다른 모든 아들과 딸들의 집이기도 하다.

그렇다. 우리 기독교인은 우리가 실제로 알고 있는 것보다 훨씬 더 부유하다. 또한 우리가 아버지 집과 그 집의 많은 거처들에 대한 약속을 진실로 따른다면 이 아래 세상에 있는 많은 것들 없이도 그리고 그것들에 그리 동요되지 않고 얼마든지 잘 살 수 있다. 우리 시대의 서글픈 현실 중 하나는 기독교인들이 이 땅의 것을 너무 사랑해서 이 육체와 지상에서의 시간이 얼마나 쏜살같이 지나가 버릴지를 잊어버리는 어리석음을 범할 수 있다는 것이다.

나는 우리 주님께서 천국에 마음을 쏟는 그리스도인들을 찾고 계신다고 확신한다. 주님의 말씀은 우리가 주님만이 죽음의 공포와 내일의 불확실성에서 우리를 구원하실 수 있다는 확신으로 그분을 신뢰하라고 독려한다. 나는 주님이 저 높은 곳에서 나를 위해 저택을 준비하고 계심을 믿는다.

"주님이 날 위해 저택을 세우시니
영원히 무너지지 않으리라

잠깐만 머물 것 아니라네
그 거룩하고 행복한 땅에서."

요한이 다가올 미래에 대해 보여 준 계시를 다시 읽어 보자.

"또 내가 새 하늘과 새 땅을 보니 처음 하늘과 처음 땅이 없어졌고 바다도 다시 있지 않더라 또 내가 보매 거룩한 성 새 예루살렘이 하나님께로부터 하늘에서 내려오니 그 준비한 것이 신부가 남편을 위하여 단장한 것 같더라"(계 21:1-2).

형제들이여, 나는 우리가 이것을 주로 장례식 예배에서 읽는 구절로 격하시킨 것이 참으로 안타깝다. 이것을 전한 사람은 장례식이 아니라 새 예루살렘으로 향하고 있었다!

요한은 계속해서 말한다. "내가 들으니 보좌에서 큰 음성이 나서 이르되 보라 하나님의 장막이 사람들과 함께 있으매 하나님이 그들과 함께 계시리니 그들은 하나님의 백성이 되고 하나님은 친히 그들과 함께 계셔서 모든 눈물을 그 눈에서 닦아 주시니 다시는 사망이 없고 애통하는 것이나 곡하는 것이나 아픈 것이 다시 있지 아니하리니 처음 것들이 다 지나갔음이러라"(계 21:3-4).

이어서 요한은 하나님의 위대하고 아름다운 도성을 그 빛이 지극히 귀한 보석 같고 벽옥과 수정 같이 맑다고 묘사한다. "성 안에서 내가 성전을 보지 못하였으니 이는 주 하나님 곧 전능하신 이와 및 어린 양이 그 성전이심이라 그 성은 해나 달의 비침이 쓸 데 없으니 이는 하나님의 영광이 비치고 어린 양이 그 등불이 되심이라"(계 21:22-23).

오, 하나님의 백성은 드넓은 세상에서 가장 행복한 사람들이 되어야 한다! 사람들이 끊임없이 와서 우리의 기쁨과 환희의 근원을 물을 것이다. 우리는 어린 양의 피로 구속받았다. 이제 우리의 지난날은 우리의 저 뒤편에 있으며, 우리의 죄는 예수 그리스도의 피 아래 영원히 묻혔고 이제 결코 더 이상 우리한테 불리하게 기억되지 않을 것이다. 하나님은 우리의 아버지시고, 그리스도는 우리의 형제시며, 성령은 우리의 옹호자이자 위로자시다. 우리 형제는 우리의 거처를 마련하기 위해 아버지의 집으로 가셨으며 다시 올 것이라는 약속을 남기셨다!

"모세를 보내지 마세요, 주님, 모세를 보내지 마세요!

그는 돌판을 깨뜨렸어요.

제게 엘리야를 보내지 마세요, 주님! 전 엘리야가 두려워요. 그는 하늘에서 불을 내렸어요.

바울을 보내지 마세요, 주님! 그는 너무나 박식해서 그가 쓴 서신들을 읽으면 전 어린아이가 된 것만 같아요.

오 주 예수님, 몸소 오세요! 전 주님이 두렵지 않아요. 당신은 어린 자녀들을 양처럼 당신의 우리로 이끄시지요. 간음하다 잡힌 여자를 용서하셨지요. 무리 속에서 당신을 만지려고 손을 뻗은 용기 없는 여자의 병을 고치셨어요. 우리는 당신이 두렵지 않아요!

그러니, 오세요, 주 예수님! 어서 오세요!"

9

내가 '영생'을 믿사오니

하나님이 준비하신 영원한 미래를 믿으라

그리스도의 부활과 구속받은 자들에게 약속된 미래의 부활을 생각할 때, 때로 그 모든 것에 대한 비현실감 때문에 혼란스러울 수 있다. 우리가 쉬이 상상할 수 없는 일들이다. 우리의 경험 세계에서 일어났던 어떤 일과도 완전히 달라서 우리의 마음은 부활을 무엇에 비추어 이해해야 할지 알 수 없다. 그래서 마음이 갈피를 잡지 못한다.

부활에 대한 생각은 분명히 신자들을 적지 않게 괴롭힌다. 그들은 자신이 느끼는 불확실성이 불신앙의 증거는 아닐지 두려워하며, 신약 성경이 가르치고 사도신경에서 되풀이하는 몸의 부활을 제대로 믿고 있는 것인지 의문조차 품는다. 나는 이러한 두려움이 근거가 없다고 생각한다. 이유는 다음과 같다.

하나님께는 불가능한 것이 없다

이 '두려워하는 성도들'은 서로 완전히 다른 두 가지

인 믿음과 상상력을 혼동하고 있다. 믿음은 도덕적인 존재의 성품에 대한 확신이다. 그 존재의 말을 완전히 신뢰할 수 있는 것으로 받아들이고 의심 없이 그 안에서 안식을 얻는다. 상상력은 보이지 않는 것을 머릿속에 떠올리기 위해 시각화하는 힘이다. 우리에게는 둘 중 하나만 있을 수도 있다. 둘은 동일하지 않으며 정말 아주 조금만 비슷할 뿐이다.

한 군인이 두세 해 동안 해외에 있다가 이제 집으로 돌아가는 중이다. 고국이 가까워질수록 마음에는 기대감이 커진다. 곧 있을 즐거운 만남을 상상한다. 어머니와 누나와 아내를 떠올리며 어린 아들이 마지막으로 보았을 때보다 얼마나 자랐을지 생각하며 미소를 짓는다. 오랫동안 기다려온 가족 상봉을 꿈꿀 때 모든 장면이 눈앞에 펼쳐진다. 지성을 통해 사랑하는 사람들의 외모에 약간의 변화가 있을 것임을 예상한다. 그리고 그 변화에 따라 머릿속의 이미지를 조정하려고 노력한다. 즉 과거의 경험을 바탕으로 아직 일어나지 않은 사건을 시각화한다.

바로 이 부분에서 부활에 관한 우리의 생각이 무너진다. 우리에게는 이끌어 줄 경험이 없다. 죽은 자들 가운데서 부활하셨을 때 그리스도는 이전에 아무도 해본 적이 없는 일을 하셨다. 우리는 그분이 어떻게 그 기적을 이루셨는지 상상할 수 없다. 고요했던 요셉의 새 무덤 속에서 어떤 놀라운 일이 일어났는지 정확히 알 수 없다. 그가 무덤에서 나오셨고 영원히 살아 계시다는 것은 초대 교회 때부터 교회의 믿음으로 굳건히 자리잡았다. 그분이 어떻게 그 일을 이루셨는지는 하나님만 알고 계시는 비밀이다. 우리는 존 웨슬리의 지혜로운 권면을 기억해야 한다. "어떻게 이루어진 일인지 모른다고 해서 사실을 의심하지 말자." 그리스도의 부활은 사실이다. 그 이상은 우리가 알 필요가 없다.

미래에 있을 우리 자신의 부활은 시각화하기가 훨씬 더 어렵다. 우리의 죽음을 마음속에 그려 보기란 그리 어렵지 않다. 모든 사람이 그런 식으로 세상을 떠나는 것을 경험했기 때문이다.

"누구나 알고 있지 살아 있는 모든 것이
죽음을 맞는다는 것을
자연을 거쳐 영원으로 가면서."

우리가 이 땅을 떠나는 것을 상상할 수 있는 이유는 마음속에 그것을 그려보도록 이끌어 줄 무언가가 있기 때문이다. 하지만 부활은 빗대어 볼 유사한 사례가 없다. 그래서 불안과 자책이 생긴다. 그것을 상상할 수 없기 때문에 우리가 믿지 못하는 것은 아닐지 두렵다.

부활에 대한 소망은 순전히 믿음의 문제이다. 하나님의 성품을 의지함으로써 그 소망을 품고, 하나님은 거짓말하거나 속이거나 변할 수 없는 분이심을 아는 지식에 근거해 그 소망의 위로를 얻는다. 하나님은 예수님 안에서 잠자는 모든 사람이 무덤에서 다시 들어올려져 공중에서 주님을 만나고 영원히 함께할 것이라고 약속하셨다. 신약 성경은 이러한 즐거운 기대로 가득 차 있다. 어떻게 하나님께서 이 모든 일을 이루실지는 알 필요가 없다. 우리는 이해하도록 부름받지 않고 믿도록 부름받았다.

부활을 이루시는 하나님의 신비로운 방법에 대한 상세한 지식이 우리에게 있었다 한들 어떤 도움이 되었을지는 의문스럽다. 우리는 하나님이 불가능한 일을 하신 것을 믿음으로써 그분께 더 많은 영광을 돌린다. 무엇보다 하나님께는 불가능한 것이 없다.

하나님은 한량없이 선하시기에 본성상 그분의 각 피조물에게 그들이 수용할 수 있고 또 다른 피조물들이 모두 행복할 수 있는 선에서 최대한의 행복을 주고자 하신다.

게다가 전지전능하신 하나님은 원하시는 모든 것을 이룰 수 있는 지혜와 능력이 있으시다. 독생자의 성육신과 죽음과 부활을 통해 이루어 낸 인간의 구속은 그 수혜자가 되는 모든 이들에게 영원한 축복을 보장한다.

교회는 신자들에게 이 진리를 가르치며 그 가르침은 그저 소망의 생각 이상이다. 이는 신구약 성경의 가장 완전하고 분명한 계시에 근거를 두고 있다. 또한 인간이 품은 가장 거룩한 열망과 일치하며, 어떤 식으로도 그 열망을 약화시키지 않고 오히려 강화시키는 역할을 한다. 마음을 만드신 분이 마음속 가장 깊은 갈망 또한 충족시킬 방안을 마련하실 것이기 때문이다.

기독교인들은 대체로 이것을 믿지만 천국에서의 삶이 어떨지 그려 보기란 여전히 어렵다. 특히 성경이 묘사하고 있는 그런 더없는 행복을 자신이 상속받는 것을 상상하기가 어렵다. 그 이유는 어렵지 않게 찾을 수 있다. 가장 경건한 그리스도인은 자신을 가장 잘 아는 사람들이며, 자신을 아는 사람은 누구라도 자신이 마땅히 받아야 할 것은 지옥이라고 믿기 마련이기 때문이다.

자신을 가장 적게 아는 사람은 자신의 도덕적 가치를 근거 없이 확신하며 유쾌한 마음을 가지기 쉽다. 그러한 사람은 자신이 영원한 지복을 상속받으리라고 쉽사리 믿을 것이다. 그의 생각은 그저 성경 모퉁이에 있는 안락한 말씀들과 실없는 이야기들에만 큰 영향을 받기 때문이다. 그는 천국을 날씨가 더없이 좋은 캘리포니아 같은 아름다운 곳으로 생각하며, 자신이 모든 현대적 편의시설을 갖춘 화려한 궁전에 살고, 보석이 주렁주렁한 왕관을 쓰고 있으리라고 상상한다. 거기다 천사 몇 명을 더해 보라. 그러면 대중적인 기독교 신자들이 품고 있는 장래에 대한 천박한 그림이 될 것이다.

이것은 기타를 퉁겨 대는 가스펠 가수들의 감미로운 발라드 노래에 나오는 천국이며, 이들은 오늘날 종교의 모습을 어지럽히고 있다. 그 모든 것이 완전히 비현실적이고 도덕적 우주의 법칙에 반하지만 아무런 문제가 되지 않는 듯 보인다. 목사로서 나는 미래가 상당히 불확실한 많은 사람들의 유해를 안치했지만, 장례식이 채 끝나기도 전에 그들이 저 언덕 너머 저택의 소유권을 얻었다고 노래된다. 나는 그 속임수에 어떤 말로도 동조하길 확고하게 거부해 왔다. 하지만 그 가스펠송들은 감정을 너무나 자극한 나머지 애도객들은 고인에 대해 아는 모든 사실에도 불구하고 언젠가 날이 밝으면 모든 것이 괜찮아지리라고 막연하게 믿으면서 자리를 떠났다.

자신의 죄의 무게를 느껴 보았거나 갈보리에서 "나의 하나님, 나의 하나님 어찌하여 나를 버리셨나이까"(막 15:34)라는 구세주의 애통하는 울부짖음을 들었던 자라면 누구도 대중적인 종교가 가져다주는 미약한 소망에 의지할 수 없을 것이다. 그리스도는 자신의 대속적 죽음으로 이룬 용서와 정화와 보호를 주장할 것이고 또 참으로 그래야만 한다.

"하나님이 죄를 알지도 못하신 이를 우리를 대신하여 죄로 삼으신 것은 우리로 하여금 그 안에서 하나님의 의가 되게 하려 하심이라"(고후 5:21). 바울은 이렇게 썼으며, 루터의 위대한 신앙 고백은 이 말씀이 인간의 영혼에 어떤 영향력을 미칠 수 있는지 보여 준다. 루터는 "오 주님, 당신은 나의 의이시며 나는 당신의 죄입니다"라고 외쳤다.

죽음 이후의 복된 상태에 대한 어떤 합당한 소망도 하나님의 선하심과 예수 그리스도가 십자가에서 우리를 위해 이루신 속죄의 사역에 근거해야 한다. 하나님의 지극히 깊은 사랑은 우리가 장차 누릴 지극한 복이 흘러나오는 샘물이며 그리스도 안에 있는 하나님의 은혜가 우리에게 이르는 통로이다. 그리스도의 십자가로 하나님의 모든 속성이 돌이키는 죄인의 편이 되는 도덕적 상황이 만들어졌다. 의로움조차 우리 편에 있다. 성경이 "만일 우리가 우리 죄를 자백하면 그는 미쁘시고 의로우사 우리 죄를 사하시며 우리를 모든 불의에서 깨끗하게 하실 것이요"(요일 1:9)라고 약속하기 때문이다.

참된 기독교인은 완전한 사랑이 바라는 만큼의 행복한 미래를 안전하게 기대할 수 있다. 왜냐하면 사랑은 오직 그 대상에 대해 가능한 한 오랫동안 되도록 최대한의 즐거움을 누리기를 바라기 때문에, 사실상 그리스도가 우리를 위해 준비하고 계신 것보다 더 지속적이고 즐거운 미래는 결코 상상할 수 없기 때문이다.

The Apostles' Creed

PART 2

사도신경을 삶으로 실천하기

10

올바른 교리

정통성에 겸손함을 더하라

기독교는 그리스도와 그분의 영감을 받은 사도들을 제외하고는 대체로 순수함을 지키지 못했다. 아마도 세계 역사상 어떤 신자나 믿음의 집단도 진리를 온전히 순수하게 간직한 적이 없을 것이다.

한 위대한 성도는 진리가 너무 강력하고 방대해서 아무도 혼자서는 다 헤아리지 못하며 그래서 계시된 진리를 모두 나타내려면 구속받은 영혼들이 함께할 필요가 있다고 믿었다.

모든 진리를 소유하고 있다고 자만하지 말라

그 빛 즉 진리가 사람들과 나라들에 비취었으며 (하나님께 찬양을) 무수한 사람들이 그 빛을 보고 집으로 갈 수 있을 만큼 충분히 선명하게 빛났다. 그러나 아무리 순수한 마음을 지니고 순종적인 삶을 사는 신자라 할지라도 자신의 정신적 역량 때문에 보좌로부터 빛나는 진리를 조금도 굴절

없이 그대로 받아들일 수 없었다. 인간의 손에 쥐어진 진흙 한 덩이가 진흙으로 남아 있으면서도 그 손자국을 피할 수 없듯이, 하나님의 진리도 인간의 정신에 의해 파악될 때 그것을 파악하는 정신의 흔적을 띠게 된다. 진리는 수동적인 정신에는 들어갈 수 없다. 진리는 적극적인 정신적 반응에 의해 정신에 받아들여져야 한다. 그리고 진리를 받아들일 때 정신은 많든 적든 그것을 어느 정도 변형시키는 경향이 있다. 태양 광선이 프리즘을 통과할 때 구부러지듯이 하나님의 빛도 인간의 정신을 통과할 때 구부러져 왔다. 죄, 성향, 편견, 조기 교육, 문화적 영향, 널리 퍼진 유행 등 모든 것이 정신의 초점을 흐리게 하고 내면의 시야를 왜곡한다.

물론 나는 여기서 신학적이고 종교적인 진리를 말하고 있다. 이 진리가 언제 어디서나 얼마나 순수한지는 일반적으로 그 진리를 소유한 사람들의 도덕적 기준과 교회 안의 종교적 관습에 의해 드러난다. 인간의 정신에 성령이 계시하신 바인 영적 진리는 항상 동일하다. 성령은 누구에게나 동일하게 말씀하시며 일시적으로 강조되는 교리나 신학적 유행에 구애받지 않으신다. 그분은 경이로움으로 가득 찬 마음에 그리스도의 아름다움을 비추어 주며 경외하는 영은 최소한의 개입으로 그것을 받아들인다. 존 웨슬리(만인구원설 주장-편집자주)와 아이작 와츠(Isaac Watts, 칼빈주의 예정설 주장-편집자주)는 신학적 입장이 달랐지만 똑같이 순수하게 예배와 경배의 찬송을 사랑하고 즐겨 불렀다. 비록 진리에 대한 견해차로 교리적으로는 서로 나뉘었지만, 그들은 성령으로 하나가 되어 경배했다.

각 시대마다 저마다의 방식을 좇아 기독교를 해석해 왔다. 19세기 미국의 순례 부흥사들은 루터나 중세 신비주의자 또는 사도적 교부들과는 확실히 달랐다. 4세기에 아리우스주의자들(그리스도의 신성을 부정함)의 공격으로부터 기독교 신앙을 지키기 위해 니케아에서 만났던 주교들(성삼위일체 강조함)은 20세기 초반 고등 비평가들의 공격(성경이 성령의 영감으로 쓰여진 무오한 책임을 믿지 않음)으로부터 같은 신앙을 수호하기 위해 나섰던 학자들이나 성도들과는 근본적으로 달랐다.

신학은 철학과 마찬가지로 유행을 따르는 경향이 있다. 중세의 기독교 교사들은 삶의 허영과 육체가 지닌 본연의 나약함을 매우 질타했다. 미국 기독교의 초창기에는 지배적인 교리가 지옥이었고, 당시의 대중 설교자들은 무시무시한 지옥에 대해 영감 어린 작가들보다 세세한 사항들을 더 많이 알려 주었다. 더욱 최근에는 하나님은 사랑이시라는 사실을 재발견했고 인류를 향한 하나님의 사랑은 전 세계 복음주의 교회의 설교와 찬송의 단골 주제가 되었다.

진리이신 그분께 겸손히 나아가라

지금 우리는 또 다른 전환기에 있으며, 우리가 어디를 향하여 가고 있는지 아는 사람들은 복이 있다. 신학적인 바람이 어느 방향으로 불든 두 가지는 확실하다. 먼저, 하나님은 반드시 증인을 세우신다. 언제나 기독교의 신조 즉, 영감받은 기독교 교리의 개요를 굳건히 붙드는 사람들이 항상 있을 것이다. 구원의 진리는 결코 사람들의 시야에서 완전히 숨겨지지 않을 것이다. 영혼이 가난하고 회개하는 사람들은 그들을 구원하실 준비가 된 그리스도를 가까이서 찾을 것이다. 두 번째는, 성령은 정통성을 보존하시고 겸손히 신뢰하는 사람들에게 언제나 변함없이 동일한 것을 말씀하신다.

성령의 조명을 받은 마음들은 빛이 비추인 그 자리에서 반드시 한마음이 되기로 뜻을 모을 것이다. 우리에게 있는 단 하나의 진정한 위험은 축복받은 성령을 슬프게 하여 침묵하게 만들고 우리를 지성의 손에 내맡겨버릴 수도 있다는 것이다. 그렇게 되면 수많은 기독교 학자들이 있음에도 하나님께 영광을 돌리는 성도들은 부족할 것이다. 논리와 학식으로 상대를 압도하는 신앙의 수호자들은 있겠지만, 선지자와 신비를 보고 찬송하는 자들은 없을 것이다. 가지가 잘 다듬어지고 잘 재배된 떨기나무는 있겠지만 거기에 불이 붙는 일은 없을 것이다.

진리는 영원히 동일하지만 방식, 강조점, 해석은 다양하다. 그리스도께서 자신을 어떤 인종이나 시대나 민족들에도 맞추실 수 있다는 것은 환호를 불러일으킬 만한 생각이다. 그분은 교리적 강조점이나 우세한 종교적 관습을 개의치 않고 전 세계 어디에 있는 사람들에게도 생명과 빛을 주실 것이다. 그분을 있는 그대로 받아들이고 주저 없이 신뢰하기만 한다면 말이다. 성령은 그리스도와 관련된 논쟁에 결코 관여하지는 않지만, 그리스도께서 십자가에 못 박혀 죽고, 장사되고, 부활하셔서 이제 지극히 높으신 하나님의 우편에 계시다는 사실은 언제나 선포하신다.

결론적으로 우리는 모든 진리를 소유하고 있으며 결코 잘못 판단할 리 없다고 가정해서는 안 된다. 오히려 진리 자체이신 그분의 못 박힌 발 앞에 무릎 꿇고 경배하면서 그분의 말씀에 겸손히 순종함으로써 영광을 돌려야 한다.

11

올바른 실천

신조를 행동으로 옮기라

한 사람의 신념은 그 사람에게 가장 중요한 것이다. 오늘 한 사람이 하는 일은 오늘 그 사람이 믿고 있는 것만큼 중요하지 않을 수도 있다. 단발적인 개별 행동들은 실패하거나 용서받거나 속죄받을 수도 있으나, 믿음은 우리 삶의 전체적 방향을 결정함으로써 결국 우리의 운명을 결정하기 때문이다.

신념, 우리의 운명을 결정한다

어떤 사람들은 신념이 없다고 자랑하지만 이는 믿음이 없다고 말하는 것이나 마찬가지이다. 우리의 신념은 그야말로 삶에 대해 우리가 지닌 믿음의 총합이기 때문이다. 인간의 마음은 매우 조직적이어서 스스로를 만들어 가도록 되어 있다. 신앙적 회의론자는 신의 존재, 불멸, 인간의 책임 같은 문제에 대해 마음을 정하지 못한 사람이다. 그러나 가장 골수 회의론자도 몇 가지 사항에 대해서는 마음을 결정했으며, 그가 결정한 모든 사항은 그의 신념이다. 회의론자에게도 신념이 있다는 말은 그의 기분을 매우 상하게 하겠지만 그럼에도 불구하고 그는 신념이 있으며 그 신념은 마침내 그의 운명을 결정할 것이다.

모든 사람은 삶의 철학이 있어야 하며 또한 스스로 알든 모르든 저마다 철학을 지니고 있다. 철학은 사람의 정신적 관점, 영적 관점, 도덕적 가치의 척도이다. 기독교는 뉘우치는 죄인의 삶에 변화를 가져오는 영적 원동력일 뿐만 아니라 가장 고상하고 순수한 정신이 즐길 수 있는 영적 철학이기도 하다.

우리는 영혼의 불가침 법칙에 따라 내적 신념대로 움직인다. 의지는 우리의 진정한 신념에 위배되는 일련의 행동들에 동의하지 않는다. 마음은 신념을 따라야 하며 그 신념이 결국 사람을 세우거나 망가뜨릴 것이다. 우리의 행동을 영구적으로 바꾸려면 먼저 그 행동에 대한 우리의 신념에 상응하는 변화가 있어야 한다. 마음이 사악한 욕망의 손아귀에 들어가면 마음은 행위를 욕망에 맞추기 위해 신념을 바꾸려고 할 것이다. 이것은 일종의 도덕적 역행이며 세상에서 가장 위험한 일 중 하나이다. 어떤 사람이 연약함 때문에 마음의 신념을 위반하여 죄를 지어도 그에게는 아직 희망이 있다. 그러나 그 행동을 정당화하기 위해 신념을 바꾼다면 파멸을 피할 수 없을 것이다. 죄는 용서받을 수 있지만 죄가 지속되면 회복 불가능한 도덕적 무신론에 빠지게 된다.

모든 회개는 근본적으로 신념의 변화이다. 회개는 하나님, 그리스도, 자기 자신, 그리고 죄에 대한 마음의 변화로 정의되어 왔다. 그 변화와 더불어 우리의 행동이 바뀌고 새로운 습관들을 습득하게 된다. 뱀이 인간을 타락시키기 위해 나섰을 때 세 가지 중요한 사항에서 하와의 마음을 바꾸기 시작했다. 원래 하와는 하나님은 선하시며, 금지된 선악과를 따 먹는 것은 위험하며, 그 금지 명령은 정당하고 적절한 것이라고 믿었다.

뱀의 유혹을 받고 나자 하와는 이제 하나님은 불친절하며, 절제의 명령은 하나님의 정의롭지 못함에 대한 증거이고, 선악과는 "먹음직도 하고 보암직도 하고 …… 탐스럽기도" 하다고 믿게 되었다! 그래서 "그 열매를 따먹"었다. 신념은 언제나처럼 행동을 결정했다.

은혜의 교리에 열정적인 일부 선한 사람들은 구원의 전체 계획에서 행위가 차지한 자리를 부인했다. 그들은 "오직 은혜로만 구원받으며 행위는 하나님과의 관계에 어떤 영향도 미칠 수 없다. 우리의 믿음이 우리를 구원하고 우리의 행위는 중요하지 않다"고 주장한다. 이는 성경의 분명한 가르침을 외면할 뿐 아니라 심리학의 가장 기본적인 사실들조차 잘 알지 못함을 보여 준다.

바울은 복음을 "경건함에 속한 진리"라고 불렀다(딛 1:1). 다음은 올바른 순서로 명시된 공식이다. 진리가 규범을 만들고 그 규범은 행동으로 이어진다. 다시 말하면 말씀이 "능력과 …… 큰 확신으로" 그들에게 이른 뒤에 그들은 "우상을 버리고 하나님께로 돌아와서 살아 계시고 참되신 하나님을 섬기"(살전 1:5, 9)게 되었다. 요점은 그들이 믿었던 교리가 뒤따르는 행동을 결정했다는 것이다. 이것은 그들의 믿음이 참인지 거짓인지에 따라 선하게도 악하게도 적용된다. 바울은 "경건하지 아니함에 점점 나아"(딤후 2:15, 16)갈 특정 사악한 가르침에 대해 경고했다.

이런 이유로 성경은 올바른 교리를 지키려는 데 있어

매우 엄격하다. 초대 교회는 거짓 교리를 가장 큰 악 중에 하나로 여겼으며 거짓 교사를 절대로 용서하지 않았다. 악한 삶의 여지를 남겨 두기 위해 은혜의 교리를 내세우는 사람들을 사도들은 호되게 비난했다. 또한 부활은 이미 지나갔다고 가르친 사람들을 신성 모독자로 선언했으며 즉각적이고 엄중한 처벌을 내렸다(딤전 1:20, 딤후 2:17, 18).

여기서 명목상의 신조와 실제 신조 사이에는 자주 큰 간극이 있음을 짚고 넘어가겠다. 기독교인이라 자처하면서도 교회에 들어올 때 믿기로 했던 교리와는 무관하게 행동하는 수많은 사람이 있다. 겉으로 내세우는 신조가 마음속의 진실한 신조는 아니다. 사람이 자신이 의지해서 살고 있는 내적 신조를 결코 드러내 말하지 않는다 해도, 그것은 조타수가 배를 조종하듯 분명히 그들을 좌우한다.

일반적으로 사람의 신조는 자신에게는 중요해 보이나 실제로는 중요하지 않은 많은 것들을 담고 있다. 무엇이 중요하고 무엇이 중요하지 않은지를 결정하기란 어렵다. 하지만 성경을 사랑하는 정직한 신자라면 적어도 논쟁에 휘말린 몇 가지 교리적 사항은 그리 중요하지 않음을 알아챌 것이다. 일부 집단에서는 코트, 정장, 모자 그리고 넥타이의 중요성에 도를 넘은 관심을 보인다. 그러나 이것들은 그저 남성의 복장에 관련된 것들이며 그것을 입고 걸친다고 해서 사람이 더 나아지거나 나빠지지 않음을 아는 데 솔로몬의 지혜가 필요하지 않다.

성경을 주셔서 살도록 하시다

중요한 것은 '삶과 경건에 관계된 것'이며 성경은 그러한 모든 주제에 대한 정보를 제공하는 신뢰할 만한 자료집이다. 성경에서 중요한 것들은 모두 명확하고 상세히 다루어지지만, 중요하지 않은 것들은 영감받은 저자에 의해 제외되며 상황과 개인의 선택에 맡겨진다.

우리는 교리의 사소한 부분을 놓고 벌이는 논쟁에 휘말리지 말아야 한다. 이것은 "하나님의 경륜을 이룸보다 도리어 변론을 내는" 것이기 때문이다(딤전 1:4). 오히려 "성도에게 단번에 주신 믿음"의 순전함을 지키는 일에 힘써야 한다(유 3).

"사랑하리, 조상들의 믿음

전파하리, 우리 주님

사랑이 아는 방법으로

친구와 다툼 중의 적 모두에게

친절한 말과 고결한 삶으로."

먼저 우리의 신념을 거룩한 성경에서 계시된 진리에 조화시키고, 그 후 우리의 행동을 신념에 일치시킨다면 가장 이상적일 것이다. 하나님은 우리가 자신의 방법에 의지해서 진리를 발견하고 자신의 힘에 의지해서 그 진리를 따르도록 내버려 두지 않으셨다. 그분은 우리에게 성령을 주셔서 인도자이자 조력자가 되게 하셨다. 하나님은 무엇을 믿어야 할지 우리에게 알려 주시며 그러고 나서 우리가 그분께 항복할 때 그 믿음의 빛 가운데서 걷도록 해주실 것이다. 그러면 신념과 행위가 모두 하나님을 기쁘시게 할 것이다.

12

올바른
열정

행동하는 교리, 세상을 향해 나아가는 교리

오늘날 복음주의의 한 가지 심각한 문제는 행동하기보다 지나치게 생각만 앞세우고 있다는 것이다. 행동은 적고 말들만 쏟아 내는 바람에 교회는 어긋나고 있다. 우리는 도덕적 행동을 신앙적 사고로 대체하는 경향이 있다.

여호수아서는 일부 교회가 젖어 있는 이러한 타성을 바로잡아 줄 책이다. 읽고 묵상하면 여호수아를 불타오르게 했던 행동의 영이 우리 안에 들어올지도 모른다.

여호수아서는 교리가 거의 없다. 다시 말하면 교리서가 전혀 아니다. 그럼에도 교리가 들어 있는 책이다. 그 교리는 군복이나 작업복을 입고 있다. 검과 망치를 들고 있다. 어떤 곳을 향해 가고 있고 무엇인가를 하고 있다.

여호수아서에서는 생각이 현실과 맞물려 있다. 영적인 생각들이 작업복을 입고 무엇인가를 하고 있다. 만약 주 예수 그리스도의 교회가 스스로 깨어나서 눈을 비벼 잠을 쫓아낸 뒤 작업복을 입고 멋진 신앙적 생각을 훌륭한 도덕적 행동으로 변모시키고 있다면, 나는 우리가 이제껏 기도해 온 부흥을 맞을 것이라고 믿는다.

이제 전 기독교계에는 경이롭기 그지없는 신학적 신념의 박물관이 있다. 나는 가끔 서재에서 무릎 꿇고 내가 믿는 것들, 즉 성경에서 참으로 내게 말씀하는 것들을 묵상하며 위로를 얻는다. 그것은 나 자신의 생각이 아니라 내가 붙들고 있는 성경의 생각이다.

하나님과 신앙에 대한 거룩하고 기쁨이 넘치는 생각들인데, 얼마나 내 영혼을 위로하고 마음을 따뜻하게 해주는지 모른다! 하나님이 보존하신 성도들에 대한 기록 즉, 하나님의 위대한 사람들이 고양된 삶의 순간에 말하고 실천했던 것들은 교회의 아름다운 유산이다. 그것들을 잊거나 기억의 쓰레기통으로 던져 버린다면 얼마나 슬픈 일인가? 하지만 우리가 이 신학적 신념과 거룩한 생각들을 일깨워 우리 삶에 실용적으로 사용한다면 큰 축복이 될 것이다.

시대를 각성하는 깨어난 석탄

나는 땅속 깊이 묻혀 있는 석탄과 기관차의 연소실에서 불타고 있는 석탄의 차이점에 대해 생각해 보았다. 언젠가 어떤 시에서 "깨어나는 석탄의 위력"이라는 구절을 발견했다. 나는 지구 한가운데에 잠들어 있는 석탄을 상상해 보았다. 여러 세대가 오고 갈 동안 석탄은 여전히 그곳에 숨겨져 있다. 나무가 자라다가 쓰러지고, 풀이 자라고, 동물들이 언덕을 뛰어넘고, 사람이 땅을 경작하지만, 그 누구도 놀랍고 경이로운 힘이 땅 표면의 바로 몇 발자국 아래 놓여 있다는 걸 상상하지 못한다.

그러다가 몇 세기가 지난 어느 날 사람들이 그 속으로 들어가 석탄을 캐고 전국으로 실어 나른다. 마침내 석탄은 거대한 옛날식 기관차의 탄수차에 실린다. 연소실로 들어가 증기를 뿜어내고, 증기가 실린더에 들어가면 실린더가 움직이기 시작하고, 곧 수백 년 동안 잠자고 있던 석탄은 상품이 가득 실린 백 량의 기차를 끌고 대도시들 사이를 이동한다.

여기서 당신은 긴 잠에서 깨어난 석탄의 위력을 볼 수 있다. 하지만 석탄이 깨어나려면 불이 필요하다. 연소실도 필요하다. 먼저 발파되고 케케묵은 잠자리에서 끌어올려져 기관차의 불구덩이로 던져져야 한다. 그래야만 그 거대한 기차를 끌 힘이 생긴다.

신학도 마찬가지다. 하나님의 성경책에서 얻은 생각도 마찬가지다. 우리가 음미하는 말씀들도 마찬가지다. 그리스도의 교회에 있는 신학적 진리와 아름다운 영적 생각들도 마찬가지다. 잠자고 있다면, 그저 생각에 불과하다면, 실생활에서는 아무런 가치가 없다. 그러나 믿음과 순종의 용광로에 던져지면 불이 붙고, 잠들어 아무것도 하지 않던 사람이 어느새 견인력을 지닌 기관(an engine)이 되어 자신의 세대를 각성시킨다.

여호수아서는 "깨어난 석탄"에 관한 책이다. 불붙고 있는 교리, 교리로부터 나온 활동에 관한 책이다. 여호수아서가 "모세가 죽은 후에" 그것이 왔다고 말하는 것을 주목하라. "후에"라는 단어와 "모세가 죽은"이라는 구절이 하나로 합쳐졌다. 여호수아는 젊은이로서 연장자인 모세에게 의지했다. 나는 여호수아가 모세에게 너무나 전적으로 의지한 나머지 본능적으로 모세가 죽은 "후"는 결코 있을 수 없다고 느꼈으리라고 생각한다. 하지만 그 "후"는 있었다. 모세가 죽었고 여전히 "이후"는 존재했다. 존경받는 지도자가 물러나야 했던 데는 여러 이유가 있었다. 우선 그가 늙어 가고 있었기 때문이다. 이것이 첫 번째 이유이다. 두 번째 이유는 하나님이 이스라엘에게 사람 지도자가 아닌 하나님 자신이 책임자임을 보여 주고 싶으셨기 때문이다. 하나님은 아직 보이지 않는 끝을 향해 끊임없이 전진하기를 원하신다.

그분은 시작부터 끝을 보시며, 시작을 보는 것만큼이나 빠르게 끝을 보신다. 여러분과 나는 시작만 볼 수 있다. 그렇기 때문에 우리는 끝을 보시는 하나님에 대한 믿음을 가져야 한다.

하나님은 언제나 미리 정해진 끝을 향해 나아가고 계신다. 예수님은 "내 아버지께서 이제까지 일하시니 나도 일한다"(요 5:17)고 말씀하셨다. 우리는 또한 신약 성경에서 성령의 사역에 대해 읽고, 축복받은 삼위일체의 세 위격인 성부, 성자, 성령이 사역하고 계심을, 활동하고 계심을 안다. 하나님은 안개에 휩싸인 거대하고 고요한 바다가 아니다. 그분은 자신의 우주 안에서 활발히 일하신다. 쉬고 있지만 항상 활동적이며 활동적이지만 항상 쉬고 계시다. 그분이 활동하시는 데는 에너지가 소모되지도 노력이 들지도 않는다. 그분은 언제나 신이시기 때문이다. 그리고 그분은 항상 일하고 계신다.

그러나 오랜 세월에 걸친 이 위대한 창조 활동 가운데서 때로 하나님은 지도자들을 교체하셔야만 한다. 모세는 여호수아에게 자리를 물려줘야 한다. 여호수아는 모세가 도구를 내려놓을 때 그것을 인계받았다.

이제 지도자가 바뀌는 세 번째 이유를 살펴보자. 때로

하나님은 그분의 지도자들이 유동성을 잃을 때 일부를 교체하셔야 한다. 즉, 그들이 하나님의 손안에서 유동적이지 않을 때, 가변성을 잃을 때, 고정된 시각을 갖게 되어 이제껏 지녀 왔던 모습에서 더 이상 변화를 이룰 수 없을 때이다.

어떤 사람의 마음이 과거에 머무르고 고착된다면 그는 더 이상 하나님과 함께 일할 수 없다. 하나님은 말씀하신다. "이전 일을 기억하지 말며 옛날 일을 생각하지 말라 보라 내가 새 일을 행하리니"(사 43:18-19). 그리고 하나님은 언제나 그분의 교회를 위해 새로운 일을 하기를 원하신다. 우리가 정체되고 고착되고 유동성을 잃을 때 그래서 미래의 기대가 과거의 성취를 넘어서지 못할 때, 우리는 죽은 것이다.

안주로 향할 때, 영적 쇠퇴가 일어난다

형제들이여, 하나님이 하나님이시라면 과거에 있었던 일이 결코 앞으로 있을 일과 같지 않다는 것을 모르시겠는가? 하나님은 그분의 목적을 이루기 위해 반드시 하셔야 할 일은 무엇이든지 하실 것이다. 우리는 열린 마음을 가져야 한다. 교회, 복음 단체, 선교회들은 종종 진취적으로 생각할 수 없어서 수년 동안 현상 유지만 한다. 그들은 하나님을 좇아서 내일을 생각하지 못한다. 오직 멍하니 어제에 대한 생각에만 골몰한다.

내일을 소홀히 하고 어제만 생각하는 사람은 노인이다. 그가 생일을 몇 번이나 축하했는지는 아무런 상관이 없다. 그리고 오늘과 내일을 위한 하나님의 사역을 꾸준히 생각한다면 그 사람은 젊은이다. 머리칼이 얼마나 백발이든 달력에 생일을 몇 번이나 표시해 왔든 상관없다.

무엇인가 더 나은 것에 대한 기대를 멈춘다면 교회나 개인의 삶 모두에 비극적인 일이다. 왜냐하면 하나님이 백성들과 함께하시는 방법은 항상 한 시대를 지나 또 다른 더 큰 시대로 들어가서 앞으로 나아가고, 또다시 다른 더 큰 시대로 들어가서 앞으로 나아가며, 결코 정체되지 않는 것이기 때문이다. 나는 신앙의 고원(religious plateaus) 즉 신앙의 안정기를 그다지 믿어 본 적이 없다. 고원이 있음은 알고 있다. 심리학, 개인적 삶, 또한 성경에도 작은 고원들, 즉 산에 올라 행복을 만끽하지만 곧 지쳐 버리는 지점들이 있다. 그러면 하나님은 우리 앞에 작은 고원 하나를 두실 것이다. 다음 오르막길을 오르기 전에 쉴 수 있는 조금 평평한 곳이다.

하지만 그 고원지대에는 집을 짓지도 텐트를 칠 수도 없다. 그저 올라가는 길에 잠시 쉬어 가는 곳일 뿐이다. 하지만 너무 많은 교회들이 과거의 성취라는 고원 위에 세워져 있다. 결코 하나님이 원하시는 바가 아니다. 하나님은 영광스럽게 승리를 거둔 한 시대가 되도록 빨리 다음 시대로 넘어가기를 원하신다. 주님이 오실 때까지 계속 그러기를 바라신다.

형제들이여, 우리가 정신을 늙게 내버려 두어서는 안 된다. 사람이 늙고 병들어 건강을 잃은 탓에 어딘가로 물러나서 인생의 남은 기간을 기도하며 보내는 일은 얼마든지 가능하다. 그러나 나는 우리 마음이나 정신이 안주하도록 해서는 안 된다고 믿는다. 사각모를 쓰고 졸업장을 받고 "이제 목표를 이루었어"라고 기뻐해서는 안 된다.

그 누구도 자신의 발이 황금길을 걷기 전까지는 목적지에 이르지 못했다. 주님이 "땅에서는 너와 할 일이 끝났다. 더 높은 곳으로 올라오라"라고 말씀하실 때까지는 아무도 목표를 이루지 못했다. 나이가 몇 살이든, 얼마나 많은 것을 알고 있든 언제나 영적 진보는 계속되어야 하고, 앞으로 나아가야 하며, 앞으로 더 나아갈 곳이 있어야 한다.

그리스도의 교회는 은퇴하라거나 편히 앉아서 일을 마

무리하라는 말을 결코 들은 적이 없다. 언제나 행동에 진척이 있고 할 일이 있다. 하나님의 교리는 작업복을 입고 망치와 검을 챙겨 나가서 바쁘게 일해야 한다. 그것이 교회를 향한 하나님의 목적이다.

하지만 때로 우리는 앞으로 나아가라는 하나님의 신호를 놓치고 다시 침묵과 영적 정체 상태로 돌아가 안주해 버린다. 안주의 증거는 우리가 현재 얻은 것을 유지하면서 기뻐하는 것이다.

하나님의 목적은 결코 우리가 자신의 것을 유지하는 데 있지 않고 언제나 진보를 이루는 데 있다. 과거의 승리에 대해 자꾸 이야기하는 습관에 빠질 때, 우리의 활동에서 고민이 사라질 때, 많은 대가를 치르지 않고도 신앙 사역을 하는 법을 배울 때 우리는 신앙의 고원에 이른 것이며, 스스로 각성하고 활력을 얻기 위해 하나님께 간구해야 한다.

우리는 '지금까지 일하시며' 지금도 일하고 계신 하나님과 함께 일해야 한다. 만약 우리가 잠시 하나님과 일치를 이루지 못할 때 행동 부족을 많은 말로 메꾸려고 노력한다면, 잭으로 자동차 뒷바퀴를 들어올린 채 엔진을 돌리고, 연료를 태우고, 많은 연기와 소음을 내뿜으면서 어디로도 가지 못하는 사람과도 같다. 만약 우리가 이런 영적 상태에 있다면 어떤 수를 써서라도 하나님께 용서를 구하고 회개해야 한다.

그리스도인의 삶에서 한 번의 영적 진보에는 또 다른 진보가 뒤따라야 한다. 둥지를 뒤흔드는 한 번의 자극은 또 다른 자극으로 이어져야 하고, 새로운 승리로 이끄는 한 번의 회개는 또 다른 회개로 나아가야 한다. 새롭고 풍요로운 성장이 우리가 이 땅에 사는 동안, 주 예수 그리스도께서 영광 가운데 오실 때까지 연이어 계속 일어나야 한다.

그러면 우리는 이미 구원받은 그리스도인으로서가 아니라 지금까지 성장해 왔고 여전히 성장하고 있는 그리스도인으로서 그분을 만날 것이다.

출처

들어가며

· 존 옥센함(John Oxenham), *Bees in Amber: A Little Book of Thoughtful Verse*(London: Methuen & Co., 1913) 안에 수록된 "Credo."

· 사무엘 밀러(Samuel Miller), *The Utility and Importance of Creeds and Confessions: Addressed Particularly to Candidates for the Ministry*(Philadelphia: Presbyterian Board of Publication, 1839), 40-41.

프롤로그

· 이 설교는 *Alliance Witness* 잡지에서 "How Important Is Creed" 제목으로 게재되었고(August 8, 1950), 이후 *That Incredible Christian: How Heaven's Children Live on Earth*(Chicago: Moody Publishers, 1964), 13-16에 수록되었다.

Part 1

Chapter 1

· 이 설교는 애비뉴로드얼라이언스교회(Avenue Road Alliance Church)에서 한 설교인 "Attributes of GodIntroduction"(January 1, 1961)을 녹취 후 옮겨 쓴 것이다. 이후에 *The Attributes of God* 의 "God's Character"로 출간되었다(Chicago: Moody Publishers, 2003), 1-14.

Chapter 2

· 파트 1은 시카고에 있는 사우스사이드얼라이언스교회(Southside Alliance Church)에서 한 설교인 "The Word Made Fleshthe Mystery of It"(December 20, 1953)을 녹취 후 옮겨 쓴 것이다. 이후에 *Christ the Eternal Son*의 "The Mystery of the Incarnation"으로 출간되었다(Chicago: Moody Publishers, 1982), 7-16. 파트 2의 내용은 *That Incredible Christian: How Heaven's Children Live on Earth*의 "God Walking among Men"으로 출간되었다(Chicago: Moody Publishers, 1964), 37-40.

Chapter 3

· *God's Pursuit of Man*의 "The Forgotten One"으로 출간되었다(Chicago: Moody Publishers, 1950, 1978), 67-79.

Chapter 4

· 파트 1은 *Who Put Jesus on the Cross*(Chicago: Moody Publishers, 1976),

1-11로 출간되었다. 파트 2는 사우스사이드얼라이언스교회에서 한 설교 "A Note About Christ Descending into Hell"(June 13, 1954)을 녹취 후 옮겨 쓴 것이다.

Chapter 5

· 이 설교는 *Alliance Witness* 잡지에서 "What Easter Is About"(April 17, 1957)으로 수록되었다가 이후에 *The Radical Cross*(Chicago: Moody Publishers, 2005, 2009), 159-63으로 출간되었다. 파트 2는 *Alliance Witness* 잡지에서 "The Easter Emphasis"로 게재되었다가(March 3, 1959) 이후에 *The Radical Cross*, 23-26로 출간되었다.

Chapter 6

· 이 글은 시카고의 사우스사이드얼라이언스교회(Southside Alliance Church)에서 한 설교 "Christ's Second Coming"(September 29, 1953)을 녹취 후 옮겨 쓴 것이다. *I Call It Heresy*(Chicago: Moody Publishers, 1991, 156-73)에서 "Where Will the Experts Be When Jesus Comes"로 출간되었다.

Chapter 7

· 이 설교는 *Alliance Witness* 잡지에서 "The Communion of the Saints"로 게재(September 12, 1956)되었다가, 이후에 *Man, the Dwelling Place of God*(Chicago: Moody Publishers, 1966, 1997, 78-86)로 출간되었고, 더불어 *Church: Living Faithfully as the People of God-Collected Insights of A. W. Tozer*(2019, 81-88)로 재출간되기도 했다.

Chapter 8

· 파트 1은 *The Tozer Pulpit: Book 6*(Chicago: Moody Publishers, 1975, 136-48)에서 "Christian, Do You Downgrade Yourself Too Much?"로 출간되었다. 파트 2는 *Alliance Witness* 잡지에서 "The Futility of Regret"라는 제목으로 수록되었다가(June 13, 1962) 이후에 *Incredible Christian: How Heaven's Children Live on Earth*로 출간되었다(Chicago: Moody Publishers, 1964, 117-20). 파트 3은 *The Tozer Pulpit: Book 6*(105-18)의 "Is It True that Man Lost His Franchise to the Earth?"로 출간되었다.

Chapter 9

· 파트 1은 *Alliance Witness*(April 6, 1955) 잡지에서 "Faith or Imagination"로 출간되었다. 이후에는 *The Price of Neglect*(Chicago: Moody Publishers, 1991, 68-71)로 출간되었다. 파트 2는 *Alliance Witness*(August 13, 1958, 2) 잡지에서 "Our Hope of Future Blessedness"로 수록되었다가 *Born After Midnight*(Chicago: Moody Publishers, 1959, 1987, 161-64)로 출간되었다.

Part 2

Chapter 10

· 이 글은 *Alliance Witness*(August 1, 1956, 2) 잡지에 게재되었다가 이후에 *Born After Midnight*(Chicago: Moody Publishers, 1959, 1987, 91-95)로 출간되었다.

Chapter 11

· 이 글은 *Alliance Weekly* 잡지(November 7, 1936, 713-14)에서 “Creeds and Deeds”로 출간되었다. 축약본은 *Alliance Weekly*에 다시 재발행되었다(October 23, 1943, 679).

Chapter 12

· 이 글은 *Moody Monthly*(May 1957, 19-20)에 수록되었다.

The Apostles' Creed